SVET NORE KARAMELE

100 dekadentnih sladic in slanih jedi s karamelnimi dobrotami

Janja Hribar

Avtorski material ©2024

Vse pravice pridržane

Nobenega dela te knjige ni dovoljeno uporabljati ali prenašati v kakršni koli obliki ali na kakršen koli način brez ustreznega pisnega soglasja založnika in lastnika avtorskih pravic, razen kratkih citatov, uporabljenih v recenziji . Ta knjiga se ne sme obravnavati kot nadomestilo za zdravniški, pravni ali drug strokovni nasvet.

KAZALO

KAZALO 3
UVOD 6
KARAMELNI ZAJTRK 7
   1. Lepljive žemljice s karamelnim orehom 8
   2. Karamelizirana čebulna in Gruyère Brioche torta ...10
   3. Karamelne bananine palačinke 12
   4. Orehov orehov karamelni brioš 14
   5. Palačinke s karamelnim nadevom 16
   6. Pijane pop torte S'more 18
   7. Caramel francoski toast enolončnica 21
   8. Karamelno jabolčna ovsena kaša 23
   9. Skleda za smoothie s karamelno banano 25
  10. Caramel Macchiato čez noč Oves 27
  11. Karamelna kavna torta 29
  12. Karamelizirane bananine palačinke 31
  13. Karamelizirane hruške in orehovi kolački 33
  14. Karameliziran bananin kruh 35
  15. Karamelno jabolčni cimetovi zvitki 37
  16. Karamelizirana bananin zajtrk s kvinojo 39
  17. Karamelno orehove lepljive žemljice 41
KARAMELNI PRIGRIZKI 44
  18. Karamelna pokovka 45
  19. Čokoladne blazine s slano karamelo 47
  20. Churrosi s karamelo 49
  21. Mešanica karamele Skittles 52
  22. Slani karamelni makaroni 54
  23. Caramel Pecan Sandies 57
  24. Biscoff ploščice s karamelnimi piškoti 60
  25. Slana karamela in limonine madeleine 62
  26. Slani karamelni jabolčni hrustljavi priboljški 65
  27. S slano karamelo in riževim orehom 67
  28. Salted Caramel Blondies 70
  29. Sufleji s pokovko s slano karamelo 72
  30. Preste s karamelo in čokolado 75
  31. Karamelne jabolčne rezine 77
  32. Grižljaji karamelne riževe torte 79
  33. Datlji, polnjeni s karamelo 81
  34. Caramel Pretzel Palice 83
SLADICA 85
  35. Cadbury karamelna torta s sirom 86

36. Jabolčno-karamelna narobe obrnjena torta 88
37. Caramel Vanilla Espresso kolački 91
38. Čokoladni in karamelni mousse tiramisu 94
39. Snicker karamelna jabolčna pita 97
40. Caramel Popcorn Extravaganza Cupcakes 100
41. Slana karamela in oreščki Dacquoise 103
42. Jabolčna pita s slano karamelo 108
43. Klasični francoski Crème au Caramel 111
44. Turški lešnikov karamelni rižev puding 114
45. Caramel Macchiato Mousse 116
46. Orange Bavarois s karamelo 118
47. Rožmarinov karamelni pot de crème 121
48. Tiramisu Flan 123
49. Vafelj sladice s karamelno omako 125
50. Banana Caramel creme Crêpes 127
51. Orehovi in karamelni sladoledni sendviči 131
52. Zažgan karamelni bourbon in sladoled iz karamele 133
53. Caramel Macchiato Affogato 136
54. Karamelni sladoled 138
55. Kokos-Cajeta Roll Ice Cream 140
56. Dulce De Leche Baileys Pops 142
57. Karamelni čokoladni eklerji 144
58. Eclairs s kavno karamelno glazuro 146
59. Pecan Caramel Éclairs 149
60. Jabolčni sufleji s slano karamelno omako 152
61. Torta Magnolia Caramel Bundt 155
62. Caramel Macchiato Tres Leches torta 158
63. Tostada Sundae s kavno-karamelno omako 161
64. Karamelna švicarska rolada 163
65. Kavno-karamelni švicarski zvitek 165

BONBONI 168

66. Guinnessove karamele s slanimi arašidi 169
67. Karamele z maslenim rumom 171
68. Espresso liker karamele 173
69. Kapučino karamele 176
70. Slane karamele viskija 178
71. Kokosovi karamelni grozdi 180
72. Karamelne jabolčne lizike 182
73. Grozdi karamelnih orehov 184
74. Caramel Marshmallow Pops 186

Z AČIMBE 188

75. Ganache s slano karamelo 189
76. Karamelna glazura 191

77. Karamelizirani ganache iz bele čokolade 193
78. Dalgona karamelna omaka 195
79. Karamelna omaka iz pasijonke 197
80. Kahlua karamelna omaka 199
81. Karamelna omaka z orehi 201
82. Kavno-karamelna omaka 203
83. Karamelna omaka iz mandarine 205
84. Nebeška karamelna omaka 207
85. Jabolčno karamelno maslo 209
86. Karamelizirana čebulna marmelada 211
87. Karamelna BBQ omaka 213
88. Karamelizirana figova marmelada 215

KOKTAJLI IN MOKTAJLI 217

89. Dalgona Caramel Frappuccino 218
90. Slani karamelni beli vroč kakav 220
91. Koktajl Baileys Salted Caramel Martini 222
92. Žgana karamela Manhattan 224
93. Karamelni jabolčni martini 226
94. Caramel White Russian 228
95. Karamelni Espresso Martini 230
96. Slana karamelna kremna soda 232
97. Karamelizirani ananasov rum punč 234
98. Karamelni Mocha Martini 236
99. Mojito s karamelizirano hruško 238
100. Karamelno jabolčno iskrico 240

ZAKLJUČEK 242

UVOD

Stopite v "SVET NORE KARAMELE", kjer se sladkost sreča s prefinjenostjo v simfoniji okusa. Karamela s svojim bogatim, maslenim okusom in neustavljivo aromo že stoletja navdušuje brbončice po vsem svetu. V tej kuharski knjigi vas vabimo, da raziščete neskončne možnosti karamele s 100 dekadentnimi sladicami in slanimi jedmi, ki bodo potešile vaše želje in podžgale vašo kulinarično domišljijo.

Od žametnih karamelnih omak do lepljivih poslastic, polnjenih s karamelo, od slanega mesa s karamelno glazuro do prijetnih koktajlov s karamelo – v tej zbirki se najde nekaj za vsakogar. Ne glede na to, ali ste izkušen pek, strasten domači kuhar ali preprosto sladkosned, "SVET NORE KARAMELE" obljublja, da bo razveselil vaše čute in povzdignil vaše kuhanje na nove višave.

Toda karamela je več kot le sladko razvajanje – je kulinarični čudež, ki vsaki jedi doda globino, bogastvo in kompleksnost. V tej kuharski knjigi bomo raziskali umetnost karamelizacije, znanost o sladkorju in neskončne načine, s katerimi lahko karamela izboljša tako sladke kot slane recepte. Ne glede na to, ali jo pokapate po sladoledu, zložite v testo za torto ali z njo glazirate pečenega piščanca, ima karamela moč spremeniti navadne jedi v izjemna kulinarična doživetja.

to , ali praznujete posebno priložnost, gostite večerjo ali si preprosto privoščite malo razvajanja, vas "SVET NORE KARAMELE" vabi, da uživate v čarobnosti karamele v vsakem grižljaju.

KARAMELNI ZAJTRK

1. Lepljive žemljice s karamelnim orehom

SESTAVINE:
- 1 paket ohlajenega testa za zvitke
- 1/4 skodelice karamelne omake
- 1/4 skodelice sesekljanih pekanov
- 1/4 skodelice rjavega sladkorja
- 2 žlici masla, stopljeno

NAVODILA:
a) Pečico segrejte na 375 °F (190 °C). Namastite pekač za mafine.
b) Testo za polmesec razvaljamo in ga razdelimo na trikotnike.
c) Vsak trikotnik namažite s stopljenim maslom.
d) Čez vsak trikotnik potresemo rjavi sladkor in sesekljane pekan orehe.
e) Zvijte vsak trikotnik, začenši s širokim koncem, da oblikujete polmesec.
f) Vsako zvito rolado polmeseca položite v namaščen pekač za mafine.
g) Po vrhu vsakega zvitka pokapljajte karamelno omako.
h) Pečemo v ogreti pečici 12-15 minut oziroma do zlato rjave barve.
i) Pustite, da se lepljive žemlje nekoliko ohladijo, preden jih postrežete.

2. Karamelizirana čebulna in Gruyère Brioche torta

SESTAVINE:
- 3 ¼ skodelice večnamenske moke
- ¼ skodelice sladkorja
- 1 čajna žlička soli
- 1 paket aktivnega suhega kvasa
- ½ skodelice toplega mleka
- 3 velika jajca
- ½ skodelice nesoljenega masla, zmehčanega
- 2 veliki čebuli, narezani na tanke rezine in karamelizirani
- 1 skodelica naribanega sira Gruyère

NAVODILA:
a) Zmešamo toplo mleko in kvas ter pustimo, da se speni.
b) Zmešajte moko, sladkor in sol. Dodamo kvasno mešanico, jajca in zmehčano maslo. Gnetemo do gladkega.
c) Nežno dodajte karamelizirano čebulo in narezan sir Gruyère.
d) Pustimo vzhajati, razvaljamo testo in ga položimo v pekač za tart.
e) Pustite, da ponovno vzhaja, nato pa pecite pri 375 °F (190 °C) 30-35 minut.

3.Karamelne bananine palačinke

SESTAVINE:
- 1 skodelica večnamenske moke
- 1 žlica sladkorja
- 1 čajna žlička pecilnega praška
- 1/2 čajne žličke sode bikarbone
- 1/4 čajne žličke soli
- 1 skodelica pinjenca
- 1 jajce
- 2 žlici stopljenega masla
- 2 zreli banani, narezani na rezine
- Karamelna omaka za preliv

NAVODILA:
a) V skledi za mešanje zmešajte moko, sladkor, pecilni prašek, sodo bikarbono in sol.
b) V drugi skledi zmešajte pinjenec, jajce in stopljeno maslo.
c) Mokre sestavine vlijemo v suhe sestavine in mešamo, dokler se le ne povežejo.
d) Na srednjem ognju segrejte rešetko ali ponev in jo rahlo namastite z maslom ali pršilom za kuhanje.
e) Za vsako palačinko na rešetko vlijemo 1/4 skodelice testa.
f) Na vsako palačinko položite nekaj rezin banane.
g) Kuhajte, dokler se na površini ne naredijo mehurčki, nato obrnite in pecite do zlato rjave barve.
h) Palačinke postrezite s karamelno omako, pokapano po vrhu.

4. Orehov orehov karamelni brioš

SESTAVINE:
- ½ skodelice mleka
- 5 jajc
- ⅓ skodelice sladkorja
- 3 ½ skodelice večnamenske moke
- 1 ½ čajne žličke aktivnega suhega kvasa
- ½ čajne žličke soli
- 1 skodelica sesekljanih pekanov
- 1 skodelica zamrznjenega masla, narezanega na kocke
- ½ skodelice karamelne omake
- 1 jajce (za glazuro)

NAVODILA:
a) V kruhomatu zmešajte mleko, jajca, sladkor, moko, kvas in sol.
b) Po začetnem gnetenju dodamo na kocke narezano zamrznjeno maslo.
c) Pustite, da kruhomat zaključi cikel testa.
d) Testo vzamemo ven, zavijemo s kuhinjsko folijo in pustimo čez noč v hladilniku.
e) Pred peko naj testo počiva na toplem 1 uro.
f) Testo razdelimo na 12 enakih delov.
g) Velike dele testa oblikujte v krogle in jih polagajte v z maslom namazane pekače za kolačke.
h) V testo vmešamo sesekljane orehe.
i) Testo oblikujte v 12 delov in jih položite v z maslom namazane pekače za kolačke.
j) Pritisnite sredino vsake velike krogle, da ustvarite poglobitev.
k) Poglobitev napolnite s kapljico karamelne omake.
l) Pokrijemo ga z brisačo in pustimo počivati še eno uro, da vzhaja.
m) Pečico segrejte na 350°F (180°C).
n) Stepite jajce in površino vsakega brioša premažite z jajčno vodo.
o) Pečemo 15-20 minut oziroma do zlato rjave barve.
p) Ohladite Nutty Pecan Caramel Brioche na rešetki.

5.Palačinke s karamelnim nadevom

SESTAVINE:
- 1 skodelica mleka
- 1 skodelica moke
- 4 žlice karamele
- 2 žlici masla
- 1 žlica sladkorja
- 2 jajci

NAVODILA:
a) V srednje veliki skledi zmešajte vse sestavine razen karamele, dokler niso dobro premešane.
b) Na srednjem ognju segrejte ponev ali ponev. Na ponev vlijemo ¼ skodelice testa.
c) Na sredino palačinke položite majhno količino karamele in pokrijte z več testa.
d) Pečemo do zlato rjave barve, približno 2-3 minute na stran.

6.Pijane pop torte S'more

SESTAVINE:
ZA ČOKOLADNO KARAMELO BOURBON POP TARTS:
- 2 škatli skorje za pito
- 2 tablici čokolade Hershey
- 2 skodelici karamelne omake (kupljene ali domače)
- 1 žlica burbona
- 1 jajce
- 1 žlica vode

ZA POP TART MARSHMALLOW GLAZURO:
- ¼ skodelice sladkorja v prahu
- 2 zvrhani skodelici marshmallowa (približno 20 navadnih marshmallowov)
- ¼ skodelice polnomastnega mleka

NAVODILA:
a) Pečico segrejte na 450 stopinj in pekač za piškote obložite s pergamentnim papirjem. Dati na stran.
b) skorje za pito razvaljajte in oblikujte pravokotnike za pop torte. Iz enega lista skorje za pito ustvarite 4 pravokotnike, skupaj 8 pravokotnikov na škatlo. Prizadevajte si za skupno 16 pravokotnikov (ali sodo število). Pravokotnike postavite na stran.
c) Ustvarite burbonsko karamelno omako tako, da dvema skodelicama karamelne omake dodate 1 žlico burbona. Dobro premešajte, da se mešanica mešanice, prilagodite količino burbona glede na želje.
d) Sestavite tako, da na pekač položite 8 pravokotnikov. Dodajte 4 čokoladne pravokotnike in prelijte z žlico karamelne omake.
e) Preostalih 8 pravokotnikov položite na vrh nadeva in z vilicami stisnite robove, da zaprete pop tarte. Jajčni nastavek pripravite tako, da eno jajce razbijete v skledo, dodate žlico vode in skupaj stepete.
f) Preden pop torte postavite v pečico za približno 8 minut, jih namažite po vrhovih z jajčno vodo.
g) Odstranite iz pečice, zavite robove pokrijte s folijo in pecite še 2 minuti, dokler vrhovi niso zlato rjavi. Pustite, da se pop torte ohladijo na rešetki.

h) Medtem ko se pop tarti pečejo pripravimo glazuro. V skledi, primerni za mikrovalovno pečico, zmešajte mleko in marshmallows ter jih segrejte v mikrovalovni pečici približno 30 sekund. Mešajte do gladkega. Po potrebi v mikrovalovni pečici v 15-sekundnih intervalih, dokler se popolnoma ne stopi.
i) Mešajte sladkor v prahu, dokler se ne združi. Dati na stran.
j) Ko so pop tarti gotovi , jih prelijemo z glazuro in potresemo s čokoladnimi ostružki. Uživajte v čudovitih pop tartih Drunken S'more!

7.Caramel francoski toast enolončnica

SESTAVINE:
- 1 štruca francoskega kruha, narezana
- 4 jajca
- 1 skodelica mleka
- 1 čajna žlička vanilijevega ekstrakta
- 1/2 skodelice karamelne omake
- 1/2 skodelice sesekljanih pekanov (neobvezno)
- Sladkor v prahu za posipanje

NAVODILA:
a) Pečico segrejte na 350 °F (175 °C). Namastite pekač 9x13 cm.
b) Narezan francoski kruh razporedimo po pripravljenem pekaču.
c) V skledi za mešanje zmešajte jajca, mleko in vanilijev ekstrakt.
d) Jajčno mešanico prelijte po rezinah kruha in pazite, da je vsaka rezina premazana .
e) Rezine kruha pokapajte s karamelno omako, nato pa potresite s sesekljanimi pekan orehi, če jih uporabljate.
f) Pečemo v predhodno ogreti pečici 30-35 minut oziroma dokler francoski toast ni zlato rjav in strjen.
g) Postrezite toplo, po želji potreseno s sladkorjem v prahu.

8. Karamelno jabolčna ovsena kaša

SESTAVINE:
- 1 skodelica staromodnega ovsa
- 2 skodelici vode ali mleka
- Ščepec soli
- 1 jabolko, narezano na kocke
- 2 žlici karamelne omake
- 2 žlici sesekljanih pekanov ali orehov
- cimet (neobvezno)

NAVODILA:
a) V loncu zavremo vodo ali mleko.
b) Vmešajte oves in sol, nato zmanjšajte ogenj na srednje nizko.
c) Oves med občasnim mešanjem kuhajte približno 5 minut ali dokler se ne zgosti.
d) Vmešamo na kocke narezano jabolko in kuhamo še 2-3 minute oziroma dokler se jabolko ne zmehča.
e) Ovsene kosmiče odstavite z ognja in vmešajte karamelno omako.
f) Ovsene kosmiče razdelite v posodice in jih po želji potresite s sesekljanimi oreščki in kančkom cimeta.
g) Postrezite vroče in uživajte v karamelno jabolčni ovseni kaši!

9. Skleda za smoothie s karamelno banano

SESTAVINE:
- 2 zreli banani, zamrznjeni
- 1/2 skodelice grškega jogurta
- 1/4 skodelice čokoladnega mleka
- 2 žlici karamelne omake
- Dodatki: narezane banane, granola, sesekljani oreščki, preliv karamelne omake

NAVODILA:
a) V mešalniku zmešajte zamrznjene banane, grški jogurt, čokoladno mleko in karamelno omako.
b) Mešajte, dokler ni gladka in kremasta.
c) Smoothie prelijemo v skledo.
d) Po vrhu z narezanimi bananami, granolo, sesekljanimi oreščki in dodatnim posipom karamelne omake.
e) Uživajte v svoji slastni karamelno bananini smuti skledi!

10.Caramel Macchiato čez noč Oves

SESTAVINE:
- 1/2 skodelice ovsenih kosmičev
- 1/2 skodelice mleka (katere koli vrste)
- 1/4 skodelice kuhane kave, ohlajene
- 1 žlica karamelne omake
- 1 žlica sesekljanih pekanov ali mandljev
- Po želji: narezane banane ali drugo sadje

NAVODILA:

a) V kozarcu ali posodi zmešajte ovsene kosmiče, mleko, kuhano kavo in karamelno omako.
b) Dobro premešamo, da se vse skupaj premeša .
c) Kozarec pokrijte in postavite v hladilnik čez noč ali vsaj 4 ure.
d) Zjutraj premešajte oves.
e) Po želji potresemo s sesekljanimi oreščki in narezanimi bananami ali drugim sadjem.
f) Uživajte v kremastem in razkošnem karamelnem makijatu čez noč!

11.Karamelna kavna torta

SESTAVINE:
- 2 skodelici večnamenske moke
- 1 skodelica sladkorja
- 1/2 skodelice masla, zmehčanega
- 1 skodelica kisle smetane
- 2 jajci
- 1 čajna žlička vanilijevega ekstrakta
- 1 čajna žlička pecilnega praška
- 1/2 čajne žličke sode bikarbone
- 1/4 čajne žličke soli
- 1/4 skodelice karamelne omake

NAVODILA:

a) Pečico segrejte na 350 °F (175 °C). Namastite pekač 9x13 cm.
b) V posodi za mešanje penasto zmešajte maslo in sladkor, dokler ne postane svetlo in puhasto.
c) Eno za drugim stepemo jajca, nato vmešamo kislo smetano in vanilijev ekstrakt.
d) V ločeni skledi zmešajte moko, pecilni prašek, sodo bikarbono in sol.
e) Postopoma dodajajte suhe sestavine mokrim sestavinam in mešajte, dokler se le ne povežejo.
f) Polovico testa razporedite v pripravljen pekač.
g) Polovico karamelne omake pokapajte po testu.
h) Ponovite s preostalim testom in karamelno omako.
i) Z nožem vmešajte karamelno omako v testo.
j) Pecite v predhodno ogreti pečici 30-35 minut oziroma dokler zobotrebec, ki ga zapičite v sredino, ne izstopi čist.
k) Pustite, da se kavna torta ohladi, preden jo narežete in postrežete.

12.Karamelizirane bananine palačinke

SESTAVINE:
- 1 skodelica večnamenske moke
- 2 jajci
- 1/2 skodelice mleka
- 1/2 skodelice vode
- 2 žlici masla, stopljeno
- 1 žlica sladkorja
- Ščepec soli
- 2 zreli banani, narezani na rezine
- 1/4 skodelice karamelne omake
- Dodatki po želji: stepena smetana, sladkor v prahu, sesekljani oreščki

NAVODILA:
a) V mešalniku zmešajte moko, jajca, mleko, vodo, stopljeno maslo, sladkor in sol.
b) Mešajte do gladkega.
c) Na srednjem ognju segrejte rahlo pomaščeno ponev, ki se ne sprijema.
d) Približno 1/4 skodelice testa vlijte v ponev in zavrtite, da enakomerno prekrijete dno.
e) Kuhajte 2-3 minute ali dokler se robovi ne začnejo dvigovati od ponve.
f) Palačinko obrnite in kuhajte še 1-2 minuti.
g) Odstranite krep iz ponve in ponovite s preostalim testom.
h) Za serviranje na sredino vsake palačinke položite narezane banane, jih pokapajte s karamelno omako in zvijte ali zvijte.
i) Po želji prelijemo s karamelno omako, stepeno smetano, sladkorjem v prahu in sesekljanimi oreščki.
j) Postrezite toplo in uživajte v karameliziranih bananinih palačinkah!

13. Karamelizirane hruške in orehovi kolački

SESTAVINE:
- 2 skodelici večnamenske moke
- 1/4 skodelice granuliranega sladkorja
- 1 žlica pecilnega praška
- 1/2 čajne žličke soli
- 1/2 skodelice nesoljenega masla, hladnega in narezanega na kocke
- 2/3 skodelice težke smetane
- 1 jajce
- 1 čajna žlička vanilijevega ekstrakta
- 1 zrela hruška, narezana na kocke
- 1/2 skodelice sesekljanih orehov
- Karamelna omaka za prelivanje

NAVODILA:

a) Pečico segrejte na 400 °F (200 °C) in obložite pekač s pergamentnim papirjem.

b) V veliki skledi za mešanje zmešajte moko, sladkor, pecilni prašek in sol.

c) Hladno narezano maslo dodajte suhim sestavinam in z rezalnikom za pecivo ali vilicami narežite maslo v mešanico moke, dokler ne postane podobno grobim drobtinam.

d) V ločeni skledi zmešajte smetano, jajce in vanilijev ekstrakt.

e) Mokre sestavine vlijemo v suhe sestavine in mešamo, dokler se le ne združijo.

f) Nežno vmešajte na kocke narezano hruško in sesekljane orehe.

g) Testo zvrnemo na rahlo pomokano površino in ga razvaljamo v približno 1 cm debel krog.

h) Testo razrežemo na 8 rezin in jih prestavimo na pripravljen pekač.

i) Pecite 15-18 minut ali dokler kolački ne postanejo zlato rjavi.

j) Pustite, da se kolački nekoliko ohladijo, preden jih prelijete s karamelno omako.

k) Postrezite toplo in uživajte v karameliziranih hruškovih in orehovih kolačkih!

14. Karameliziran bananin kruh

SESTAVINE:
- 3 zrele banane, pretlačene
- 1/2 skodelice nesoljenega masla, stopljenega
- 1/2 skodelice granuliranega sladkorja
- 1/2 skodelice rjavega sladkorja
- 2 jajci
- 1 čajna žlička vanilijevega ekstrakta
- 1 1/2 skodelice večnamenske moke
- 1 čajna žlička sode bikarbone
- 1/2 čajne žličke soli
- Karamelna omaka za prelivanje

NAVODILA:

a) Pečico segrejte na 350 °F (175 °C) in namastite 9x5-palčni pekač za štruce.
b) V veliki posodi za mešanje zmešajte pretlačene banane, stopljeno maslo, granulirani sladkor, rjavi sladkor, jajca in vanilijev ekstrakt.
c) V ločeni skledi zmešajte moko, sodo bikarbono in sol.
d) Postopoma dodajajte suhe sestavine mokrim sestavinam in mešajte, dokler se le ne povežejo.
e) Testo vlijemo v pripravljen pekač in po vrhu zgladimo z lopatko.
f) Pecite 50-60 minut ali dokler zobotrebec, ki ga zapičite v sredino, ne izstopi čist.
g) Pustite, da se bananin kruh 10 minut ohlaja v pekaču, preden ga prestavite na rešetko, da se popolnoma ohladi.
h) Ohlajen bananin kruh pokapljamo s karamelno omako.
i) Narežite in postrezite okusen karameliziran bananin kruh!

15. Karamelno jabolčni cimetovi zvitki

SESTAVINE:
- 1 paket (16 unč) ohlajenega testa za cimetove zvitke
- 1 skodelica narezanih jabolk
- 1/2 skodelice karamelne omake
- 1/4 skodelice sesekljanih pekanov ali orehov (neobvezno)
- Cimetov sladkor za posip

NAVODILA:
a) Pečico segrejte na 350 °F (175 °C) in rahlo namastite pekač.
b) Testo za cimetovo rolado odvijte in ločite posamezne svaljke.
c) Vsako rolico namažemo z žlico karamelne omake.
d) Po karamelni omaki potresemo na kocke narezana jabolka in sesekljane orehe.
e) Vsako cimetovo rolico zvijte in položite v pripravljen pekač.
f) Pečemo 20-25 minut oziroma dokler zvitki niso zlato rjavi in pečeni.
g) Odstranite iz pečice in po toplih cimetovih zvitkih pokapajte dodatno karamelno omako.
h) Pred serviranjem potresemo s cimetovim sladkorjem.
i) Uživajte v svojih slastnih karamelno jabolčno cimetovih zvitkih!

16. Karamelizirana bananin zajtrk s kvinojo

SESTAVINE:
- 1 skodelica kvinoje, oplaknjena
- 2 skodelici vode ali mleka
- 2 zreli banani, narezani na rezine
- 1/4 skodelice karamelne omake
- Sesekljani oreščki ali semena za preliv (neobvezno)

NAVODILA:
a) V ponvi zmešajte kvinojo in vodo ali mleko. Zavremo.
b) Zmanjšajte toploto na nizko, pokrijte in pustite vreti 15-20 minut ali dokler ni kvinoja kuhana in se tekočina vpije.
c) Primešamo narezane banane in karamelno omako.
d) Kuhajte še 2-3 minute, dokler se banane ne segrejejo.
e) Karamelizirano bananino kvinojo postrezite v skledicah.
f) Po želji potresemo s sesekljanimi oreščki ali semeni.
g) Uživajte v hranljivem in okusnem karameliziranem bananin zajtrku s kvinojo!

17. Karamelno orehove lepljive žemljice

SESTAVINE:
- ¼ do ½ skodelice tople vode
- 3 žlice sladkorja
- 1 zavitek (približno 2 ¼ čajne žličke) aktivnega suhega kvasa
- 1 jajce, pretepeno
- 2 ¼ skodelice večnamenske moke
- 2 žlici instant nemastnega suhega mleka
- 1 čajna žlička soli

KARAMELNI PRELIV:
- 3 žlice masla ali margarine, stopljene
- 3 žlice pakiranega rjavega sladkorja
- 2 žlici temnega koruznega sirupa
- ¼ skodelice sesekljanih orehov

NAVODILA:

a) Zmešajte ¼ skodelice tople vode, 1 žlico sladkorja in kvas. Premešajte, da se kvas raztopi, in pustite stati, dokler ne postane mehurček, približno 5 minut.

b) Vmešamo stepeno jajce.

c) Opremite kuhinjski robot z jeklenim rezilom. V delovno skledo odmerite moko, instant suho mleko, preostali 2 žlici sladkorja in sol. Postopajte, dokler se sestavine ne zmešajo, približno 5 sekund.

d) Vklopite kuhinjski robot in skozi dovodno cev počasi vlijte mešanico kvasa v mešanico moke. V mešanico moke počasi nakapajte ravno toliko preostale vode, da se testo oblikuje v kroglo, ki očisti stene posode. Postopajte, dokler se testo ne obrne okoli sklede približno 25-krat.

e) Kuhinjski robot izklopite in pustite testo stati 1 do 2 minuti. Ponovno vklopite procesor in postopoma nakapajte dovolj preostale vode, da postane testo mehko, gladko in satenasto, vendar ne lepljivo. Postopajte, dokler se testo ne obrne okoli sklede približno 15-krat.

f) Kuhinjski robot pokrijemo in testo pustimo stati na sobni temperaturi, dokler ne začne vzhajati, kar naj traja približno 30 minut.

g) Medtem ko testo vzhaja pripravimo karamelni preliv. Preliv vlijemo v pomaščen 9-palčni okrogel pekač za torto ali pito.

h) Ko je testo vzhajano, ga zvrnemo na rahlo pomaščeno površino. Razdelimo ga na 12 enakih delov in iz vsakega oblikujemo kroglico. Vsako kroglico pomočimo v stopljeno maslo in jo razporedimo po karamelnem prelivu v pekaču. Pustimo jih stati na toplem, dokler se ne podvojijo, kar naj traja približno 1 uro.

i) Pečico segrejte na 400 °F (200 °C). Žemlje pečemo toliko časa, da porjavijo , kar naj traja 10 do 12 minut.

j) Žemlje ohlajajte približno eno minuto, nato pa jih obrnite na servirni krožnik. Postrezite jih tople ali pri sobni temperaturi.

KARAMELNI PRELIV:

k) V majhni ponvi zmešajte rjavi sladkor, maslo in temni koruzni sirup.

l) Na zmernem ognju ob stalnem mešanju kuhajte, dokler zmes ne postane mehurčkasta in se rjavi sladkor raztopi.

m) Odstranite ponev z ognja in vanjo vmešajte sesekljane orehe ali pekanove orehe.

n) Uživajte v okusnih domačih karamelnih lepljivih žemljicah!

KARAMELNI PRIGRIZKI

18. Karamelna pokovka

SESTAVINE:
- ¼ skodelice pokovke
- ¼ skodelice nesoljenega masla
- ½ skodelice rjavega sladkorja
- ¼ skodelice lahkega koruznega sirupa
- ¼ čajne žličke soli
- ¼ čajne žličke sode bikarbone
- ½ čajne žličke vanilijevega ekstrakta

NAVODILA:

a) Zrna pokovke popokajte v skladu z navodili za mikrovalovno pečico ali kuhalno ploščo in jih odložite v veliko skledo.

b) V skodelici, primerni za mikrovalovno pečico, zmešajte maslo, rjavi sladkor, koruzni sirup in sol.

c) Mešanico postavite v mikrovalovno pečico 2 minuti in mešajte vsakih 30 sekund, dokler zmes ne postane mehurčkasta in se sladkor raztopi.

d) Odstranite skodelico iz mikrovalovne pečice in vmešajte sodo bikarbono in vanilijev ekstrakt. Zmes se bo spenila.

e) Mešanico karamele prelijemo čez pokovko in mešamo, da se pokovka enakomerno prekrije.

f) Pokovko razporedite po pekaču, obloženem s pergamentom, in pustite, da se ohladi in strdi, preden jo postrežete.

19. Čokoladne blazine s slano karamelo

SESTAVINE:
- 1 ohlajena odmrznjena skorja za pito
- 14 Hersheyjevih poljubov po izbiri
- 1 beljak stepemo z 1 žlico vode
- 1 majhen kozarec karamelnega preliva
- Sol Sredozemskega morja

NEOBVEZNI PRELIVI:
- 1 skodelica stopljenih čokoladnih koščkov
- ½ skodelice drobno sesekljanih orehov
- Sladkor v prahu za posipanje
- Granulirani sladkor za posip pred peko

NAVODILA:
a) Pečico vklopite na 350 stopinj.
b) Pekač za piškote obložite s pergamentom ali popršite z oljem za peko, ki se ne sprijema
c) Skorjo za pito razvaljajte na rahlo pomokanem pultu.
d) Z nožem ali rezalnikom za piškote naredite 2 ½-palčne kroge.
e) V vsak krog postavite en Hersheyjev poljub.
f) Polovico testa za pito prepognemo čez poljubček in zalepimo testo za pito.
g) Drugo polovico testa za pito povlecite navzgor, tako da oblikujete križ in stisnite, da zaprete robove.
h) Dobil sem 16 vpihov blazine, tako da sem vse ostanke ponovno zvaljal.
i) Vsako blazino premažite z jajčnim sredstvom in nato potresite s sladkorjem ali mediteransko soljo.
j) Pečemo pri 350 stopinjah od 15 do 20 minut ali dokler vaši pufčki ne postanejo zlato rjavi. Odstranite iz pečice in pustite, da se ohladi 5 minut, preden jo premaknete na rešetko za hlajenje.
k) Prelijemo s karamelnim prelivom in potresemo s sredozemsko morsko soljo. Postrezite in uživajte!

20.Churrosi s karamelo

SESTAVINE:

KARAMELNA OMAKA:
- 1 skodelica granuliranega sladkorja
- 6 žlic nesoljenega masla
- ½ skodelice težke smetane
- 1 čajna žlička vanilijevega ekstrakta
- Ščepec soli

CURROS:
- 1 skodelica vode
- 2 žlici sladkorja
- ½ čajne žličke soli
- 2 žlici rastlinskega olja
- 1 skodelica večnamenske moke
- Rastlinsko olje za cvrtje
- ¼ skodelice sladkorja (za premaz)
- 1 čajna žlička mletega cimeta (za premaz)

NAVODILA:

KARAMELNA OMAKA:

a) V čisto ponev z debelim dnom postavite granulirani sladkor na srednje močan ogenj.

b) Brez mešanja pustite, da se sladkor stopi. Ponev lahko nežno vrtite, da zagotovite enakomerno taljenje. Ta postopek lahko traja približno 5-7 minut, sladkor pa postane jantarne barve.

c) Ko se sladkor povsem stopi in postane temno jantarne barve, previdno dodamo nesoljeno maslo. Bodite previdni, saj bo mešanica mehurčkov, ko boste dodali maslo.

d) Maslo vmešamo v stopljen sladkor, da se dobro poveže. To lahko traja kakšno minuto.

e) Med nenehnim mešanjem počasi prilivamo smetano. Še enkrat bodite previdni, saj bo mešanica napihnila.

f) Pustite, da mešanica vre približno 1-2 minuti in nenehno mešajte, dokler se rahlo ne zgosti.

g) Karamelno omako odstavimo z ognja in vanjo vmešamo vanilijev ekstrakt in ščepec soli. Omaka bo spet rahlo nabreknila, zato bodite previdni.

h) Pustite, da se karamelna omaka ohladi nekaj minut, preden jo prestavite v toplotno odporno posodo ali kozarec.

CURROS:

i) V ponvi zmešajte vodo, sladkor, sol in rastlinsko olje. Mešanico zavremo.

j) Odstavite ponev z ognja in dodajte moko. Mešajte, dokler mešanica ne oblikuje krogle testa.

k) V globoki ponvi ali loncu na srednjem ognju segrejte rastlinsko olje.

l) Testo prenesite v cevno vrečko, opremljeno z zvezdasto konico.

m) Testo položite v vroče olje in ga z nožem ali škarjami narežite na 4-6 cm dolge kose.

n) Cvremo do zlato rjave barve z vseh strani, občasno obrnemo.

o) Churros odstranite iz olja in odcedite na papirnati brisači.

p) V ločeni skledi zmešajte sladkor in cimet. Churrose povaljajte v mešanici cimetovega sladkorja, dokler niso prevlečeni.

q) S pomočjo brizge ali slaščičarske vrečke napolnite churrose s pripravljeno karamelno omako.

r) S karamelo polnjene churrose postrezite tople.

21.Mešanica karamele Skittles

SESTAVINE:
KARAMELNA OMAKA
- 1-½ čajne žličke sode bikarbone
- 3 skodelice granuliranega sladkorja
- 1-½ žlice košer soli
- 1 skodelica vode
- 3 žlice hladnega nesoljenega masla, narezanega na majhne koščke

MIX:
- 1 skodelica Keglji
- 2 skodelici pokočenih kokic
- 1 skodelica ribjih prigrizkov
- 1 skodelica preste
- ½ skodelice mešanice suhega sadja
- ½ skodelice mini marshmallowa
- 1 skodelica O's kosmičev

NAVODILA:
a) V veliki posodi za mešanje zmešajte vse suhe sestavine. Odmerite sodo bikarbono in jo postavite na stran, pripravljeno za uporabo. Pekač obložimo s folijo in postavimo na stran.

b) V veliki kozici zmešajte vodo, sladkor, sol in maslo. Mešanico sladkorja kuhajte na močnem ognju ob stalnem mešanju, dokler ne postane mehurčkasta in na vrhu rahlo porjavi. Ta postopek lahko traja 10-20 minut.

c) Karamelo odstavimo s štedilnika in vanjo vmešamo sodo bikarbono. Bodite previdni , saj bo še bolj brbotalo. Karamelno zmes takoj prelijemo čez skledo suhih sestavin in na hitro premešamo.

d) Zmes vlijemo na pripravljen pekač in jo stisnemo v tanko plast.

e) Pustite, da se ohladi, nato pa ga razrežite na majhne koščke. Shranjujte Skittles Caramel Mix v predušni posodi.

22.Slani karamelni makaroni

SESTAVINE:
ZA NADEV SLANA KARAMELA:
- 250 g težke smetane
- 350 g ricinusovega sladkorja (fini granulirani sladkor)
- 10 g fleur de sel (kosmiči morske soli)
- 350 g masla, narezanega na majhne kocke

ZA KARAMELNE MAKARON PIŠKOTE:
- 300 g mandljevega zdroba (mandljeva moka)
- 300 g sladkorja v prahu
- 120g beljakov (razdeljen na 2 dela po 120g)
- 300 g ricinusovega sladkorja
- 75 g vode

NAVODILA:
PRIPRAVITE NADEV SLANO KARAMELO:
a) V majhni kozici segrevajte smetano, dokler le ne začne vreti. Odstranite z ognja.
b) V ločeni srednji ponvi dodajte ricinusov sladkor in kuhajte na srednjem ognju, občasno premešajte, dokler ne karamelizira in doseže temno bakreno barvo.
c) Sladkor odstavimo z ognja in ob stalnem mešanju z lopatko previdno vlijemo v vročo smetano.
d) Pustite, da se mešanica ohladi na približno 115 °F. Med neprekinjenim mešanjem dodajajte zelenjavo in majhne kocke masla po nekaj.
e) Karamelo prestavimo v plitvo posodo in postavimo v hladilnik, dokler se ne ohladi in strdi.
f) Ko je ohlajena, karamelno mešanico stepajte, dokler ne postane svetla, sijoča in gladka. Shranjujte v hladilniku, dokler ne boste pripravljeni napolniti makaronov.

NAREDITE KARAMELNE MAKARON PIŠKOTE:
g) Mandljevo moko in sladkor v prahu presejte skupaj, da odstranite morebitne grudice. Zmešajte s 120 g beljakov, dokler ne nastane gladek sneg, ki ga odstavite.
h) V majhni ponvi na zmernem ognju zmešajte ricinusov sladkor in vodo. Medtem dajte preostalih 120 g beljakov v samostoječi mešalnik z nastavkom za stepanje.

i) Ko sladkor doseže 239°F, začnite stepati beljake, dokler ne nastanejo mehki snegovi. Ko se sladkor segreje na 244°F, ga odstavimo z ognja in ga pri nizki hitrosti mešalnika počasi vlijemo v stepene beljake.

j) Hitrost mešalnika povečajte na visoko za približno minuto, nato jo zmanjšajte na srednjo hitrost za približno 2 minuti. Pustite, da se meringue ohladi na 120 °F, medtem ko mešajte pri nizki hitrosti.

k) Mešanico mandljevega moka z lopatko nežno vmešajte v meringue, dokler testo ne postane enotno in sijoče.

l) Testo prenesite v cevno vrečko z navadno okroglo konico. Makaronove lupine razporedite po pekaču, obloženem s silikonsko podlago za peko ali peki papirjem. Lahko uporabite šablono za makarone, da jih naredite enakomerne.

m) Nežno potrkajte po pekaču, da se testo nekoliko razporedi. Testo pustite stati, dokler ne nastane koža in je suho na dotik.

n) Pečico segrejte na 300°F in pecite makarone 10-15 minut, na polovici peke pa pekač obrnite. Pustite, da se makaroni popolnoma ohladijo, preden jih vzamete iz pekača.

SESTAVITE MAKARONE S SOLNO KARAMELO:

o) Slan karamelni nadev vzamemo iz hladilnika in ga rahlo zmehčamo nad toplotno sobo ali mikrovalovno pečico (pazimo, da se popolnoma ne stopi).

p) Ko se zmehča, ga odstavite z ognja in močno mešajte, dokler se ne zgosti do konsistence maslene kreme.

q) Povežite pare piškotov macaron, ki so enake velikosti.

r) Na en piškot namažite ali nanesite nekaj nadeva iz soljene karamele, pri čemer pustite približno 3 mm od roba.

s) V drugo roko primite njegov par in oba piškota nežno zvijte skupaj, da se nadev razlije do robov.

t) Napolnjene makarone vsaj 24 ur pred serviranjem hranite v hladilniku, pred serviranjem pa pustite, da se segrejejo na sobno temperaturo.

u) Uživajte v okusnih slanih karamelnih makaronih s popolno kombinacijo sladkih in slanih okusov!

23. Caramel Pecan Sandies

SESTAVINE:
PEKAN PEČEK:
- 3 unče mandljeve moke (približno ¾ skodelice)
- ¼ skodelice mešanice za peko
- 1 unča pekanov, zelo drobno sesekljanih (približno ¼ skodelice)
- 1 beljak
- 3 žlice masla, stopljenega
- 2 ½ žlici Splenda ali enakovredne tekočine
- Ščetek cimeta
- ½ čajne žličke ekstrakta karamele

IZVLEČEK KARAMELE:
- 1 skodelica granuliranega sladkorja
- 1 skodelica vode
- 1 čajna žlička vanilijevega ekstrakta (neobvezno)

NAVODILA:
IZVLEČEK KARAMELE:
a) V čisto ponev z debelim dnom dodajte 1 skodelico granuliranega sladkorja.

b) Med nenehnim mešanjem na srednje močnem ognju segrevajte sladkor. Sladkor se bo začel topiti in združevati.

c) Nadaljujte z mešanjem, dokler se ves sladkor ne stopi in postane temno jantarne barve. Pazimo, da se ne zažge; to lahko traja približno 5-7 minut.

d) Ko je sladkor karameliziran, previdno dodajte 1 skodelico vode v ponev. Bodite previdni, saj bo mešanica močno brbotala.

e) Mešajte karameliziran sladkor in vodo, dokler se dobro ne poveže. Po želji lahko na tej točki dodate tudi 1 čajno žličko vanilijevega ekstrakta za dodaten okus.

f) Mešanico pustite vreti nekaj minut, občasno premešajte, dokler se nekoliko ne zgosti. To naj traja približno 5 minut.

g) Ekstrakt karamele odstranite z ognja in pustite, da se ohladi na sobno temperaturo.

h) Ko je ohlajen, karamelni izvleček precedite skozi sito z drobno mrežico ali gazo, da odstranite morebitne nečistoče ali trdne delce.

i) Precejen ekstrakt karamele prenesite v čisto, nepredušno posodo ali steklenico s tesno prilegajočim pokrovom.
j) Izvleček domače karamele hranite na hladnem in temnem mestu, kot je vaša shramba. Obdržal se bo več mesecev.

PEKAN PEČEK:
k) V manjši skledi dobro premešamo vse sestavine.
l) Velik pekač obložite s pergamentnim papirjem in testo razporedite v 24 majhnih kupčkov. Pekač postavimo v zamrzovalnik za 5-10 minut, da se testo strdi.
m) Odstranite iz zamrzovalnika in testo razvaljajte v kroglice. Položite jih nazaj na pekač in pazite, da bodo enakomerno razporejeni v 6 vrstah po 4.
n) Kroglice pokrijte s plastično folijo in vzemite pokrovček steklenice z vitamini (ali kateri koli podoben predmet), ki je debel malo manj kot ½ palca. Trdno pritisnite na vsako kroglico testa in pazite, da pritisnete na pekač.
o) Odlepite plastično folijo in ponavljajte postopek, dokler ne oblikujete vseh piškotov.
p) Pecite pri 325ºF 20 minut ali dokler piškoti niso zlato rjavi.

24. Biscoff ploščice s karamelnimi piškoti

SESTAVINE:
- 1 ½ skodelice večnamenske moke
- 1 ½ skodelice ovsa za hitro kuhanje
- 1 skodelica nesoljenega masla, stopljenega
- 1 skodelica rjavega sladkorja
- 1 čajna žlička vanilijevega ekstrakta
- ½ čajne žličke soli
- 1 skodelica biskofovega namaza
- 1 skodelica karamelne omake

NAVODILA:
a) Pečico segrejte na 350 °F (175 °C) in namastite pekač velikosti 9x9 palcev.
b) V skledi zmešajte moko, oves, stopljeno maslo, rjavi sladkor, vanilijev ekstrakt in sol. Mešajte, dokler se dobro ne poveže.
c) Dve tretjini ovsene mešanice potlačimo na dno pripravljenega pekača, da nastane skorjica.
d) Skorjo pečemo v ogreti pečici 10 minut.
e) Skorjo vzamemo iz pečice in pustimo, da se nekoliko ohladi.
f) Biscoffov namaz enakomerno razporedite po skorji.
g) Karamelno omako prelijemo po Biscoffovem namazu.
h) Po karamelni plasti potresemo preostalo ovseno mešanico.
i) Pekač vrnemo v pečico in pečemo še dodatnih 20-25 minut oziroma toliko časa, da se vrh zlato zapeče.
j) Odstranite iz pečice in pustite, da se piškoti popolnoma ohladijo v pekaču, preden jih razrežete na kvadrate.

25.Slana karamela in limonine madeleine

SESTAVINE:
ZA SLANO KARAMELO:
- ½ skodelice sladkorja
- 4 žlice nesoljenega masla
- ¼ skodelice dvojne smetane
- 1 čajna žlička soli

ZA MADELEINE:
- 100 gramov masla, stopljenega
- 1 skodelica sladkorja
- 2 jajci
- 1 čajna žlička vanilijevega ekstrakta
- 1 ½ skodelice večnamenske moke
- 1 čajna žlička pecilnega praška
- ½ čajne žličke sode bikarbone
- ¼ skodelice navadnega jogurta
- Lupina 1 limone

NAVODILA:
PRIPRAVITE SLANO KARAMELO:
a) V kozici na majhnem ognju stopimo sladkor. Ne mešajte; ponev po potrebi nežno zavrtite, da zagotovite enakomerno taljenje.
b) Ko sladkor postane temno jantarne barve, ugasnite ogenj.
c) previdno in hitro dodamo karameli.
d) V ponev dodajte maslo in sol ter nadaljujte z mešanjem, dokler karamela ni gladka. Dati na stran.
e) Pečico segrejte na 350 stopinj F (175 stopinj C).

PRIPRAVITE MADELEINE:
f) V majhni skledi zmešajte sodo bikarbono in jogurt ter odstavite.
g) V mešalniku na visoki hitrosti stepamo jajca in sladkor, dokler se zmes ne podvoji. Dodajte vanilijev ekstrakt.
h) V ločeni skledi zmešajte večnamensko moko in pecilni prašek, nato pa to dodajte sladkorno-jajčni mešanici. Mešajte, dokler se dobro ne poveže.
i) Dodajte mešanico jogurta in limonino lupinico v testo in mešajte, dokler ni popolnoma premešano.

j) Medtem ko je mešalnik na nizki hitrosti, počasi vlijemo stopljeno maslo in dobro premešamo.
k) Zložimo predhodno pripravljeno soljeno karamelo in testo pustimo počivati v hladilniku 30 minut.

PEKA MADELEINES:
l) Modelčke za Madeleine namažemo z maslom in rahlo pomokamo.
m) V vsak model z žlico vlijemo maso, tako da jih napolnimo približno do treh četrtin.
n) Madeleine pečemo v ogreti pečici približno 10 minut oziroma toliko časa, da se na vsaki Madeleine naredi majhna grbica in po robovih zlato rjavo zapečejo.
o) Madeleine vzamemo iz pečice in pustimo, da se nekaj minut ohladijo v modelih, preden jih prestavimo na rešetko, da se popolnoma ohladijo.
p) Uživajte v teh čudovitih madeleinah s slano karamelo kot sladki in razvajajoči poslastici! Kombinacija maslene torte Madeleine, prepojene s slano karamelo, ustvari čudovito izkušnjo okusa. Popoln za pogostitev ob čaju ali kakršni koli posebni priložnosti.

26. Slani karamelni jabolčni hrustljavi priboljški

SESTAVINE:
SLANA KARAMELA:
- 1 skodelica granuliranega sladkorja
- ¼ skodelice hladne vode
- ½ skodelice težke smetane za stepanje
- 4 žlice soljenega masla
- 1 čajna žlička morske soli
- ½ čajne žličke vanilije

HRISPY POSLASTICE:
- 4 skodelice miniaturnih marshmallows
- 4 žlice masla
- 6 skodelic Rice Krispies kosmičev
- 1 skodelica posušenih koščkov jabolk
- 1 skodelica soljene karamele

NAVODILA:
SLANA KARAMELA:
a) V srednji ponvi na srednjem ognju zmešajte sladkor in hladno vodo.
b) Nenehno mešamo in kuhamo toliko časa, da postane zmes srednje do temno jantarne barve.
c) Dodajte maslo v karamelo in mešajte približno 1-2 minuti.
d) Ko se maslo povsem stopi, v karamelo počasi vlijemo smetano.
e) Pustite, da karamela vre 2 minuti.
f) Odstavite z ognja in dodajte vanilijo in sol.
g) Pred uporabo naj se karamela ohladi in zgosti.

HRISPY POSLASTICE:
h) V večji kozici na šibkem ognju stopite maslo.
i) Dodajte marshmallowe in 1 skodelico soljene karamele ter mešajte na majhnem ognju, dokler se marshmallowi ne stopijo.
j) Odstranite ponev z ognja in mešanici marshmallow dodajte kosmiče in koščke jabolk.
k) Mešajte, dokler niso vsa žita prekrita.
l) Zmes vlijemo v pripravljen pekač in močno pritisnemo.
m) Po želji potresemo z več soljene karamele in pustimo, da se ohladi, preden jo razrežemo na kvadratke.

27. s slano karamelo in riževim orehom

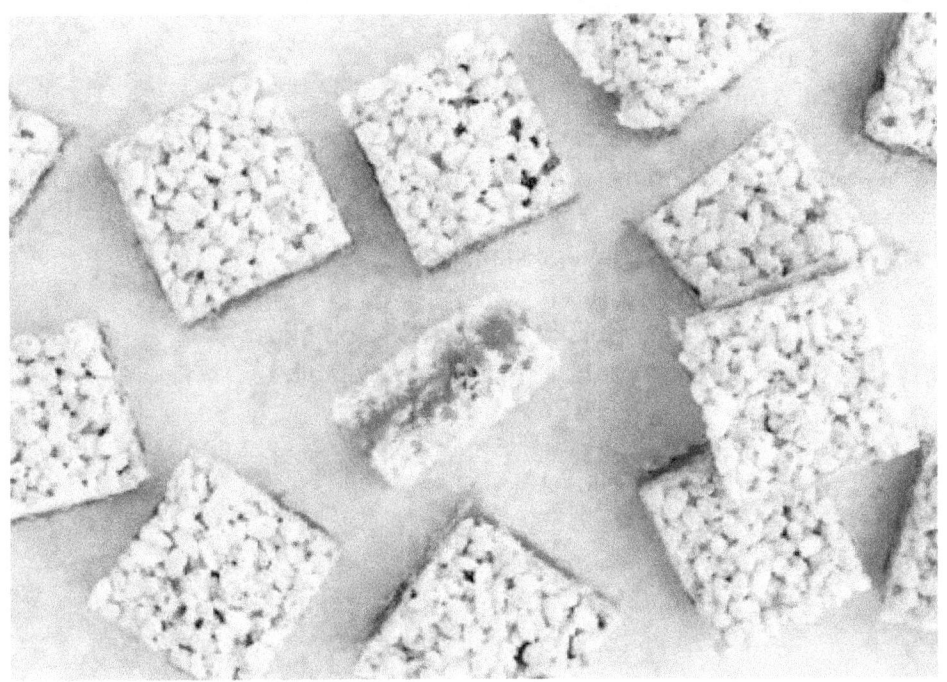

SESTAVINE:
ZA KRISPI POSLASTICE
- 3 žlice masla
- 8 unč vanilijevega marshmallowa
- 4 ½ unč riževih krispijev

ZA SLANO KARAMELO
- 10 ½ unč kondenziranega mleka
- 3 unče masla
- 3 unče temno rjavega sladkorja
- 3 žlice zlatega sirupa
- ¾ čajne žličke morske soli (odvisno od okusa)
- 4 unče pekan orehov – grobo sesekljanih

NAVODILA:
a) Globok pekač 20 x 20 cm namastimo in obložimo s peki papirjem.
NAREDITE KARAMELO:
b) Kondenzirano mleko, maslo, sladkor in sirup dajte v močno ponev in stopite na srednjem ognju ter pogosto mešajte, dokler se sladkor ne raztopi.
c) Mešanico zavrite in pustite vreti 2-3 minute. Odstranite z ognja, vmešajte morsko sol in odstavite.
d) V majhno, debelo ponev dajte 20 g masla. Segrevajte na nizki-srednji, dokler se ne stopi.
e) Dodajte 110 g marshmallowa in mešajte, dokler se ne stopi in dobro zmeša z maslom.
f) Na hitro vmešajte polovico riževih krispijev.
g) Marshmallow Krispies z žlico položite v pekač in ga enakomerno razporedite. Mešanico nežno, a odločno pritisnite navzdol, da ustvarite trdno plast. To opravilo si olajšajte s kosom celofana, saj bo zmes lepljiva.
h) Karamelo premešamo in z njo prelijemo Krispie osnovo. Po vrhu raztresite sesekljane pekan orehe in jih za 1-2 uri postavite v hladilnik, da se strdijo.
i) S preostalim maslom, marshmallows in riževimi kosmiči pripravite še eno serijo marshmallow Krispies. Z žlico ga nanesite na karamelno plast in s celofanom razporedite krispie ter jih nežno, a trdno pritisnite.
j) Pustite, da se strdi eno uro, preden ga razrežete na kvadratke.
k) Shranite v nepredušni pločevinki in uživajte v 2 dneh.

28. Salted Caramel Blondies

SESTAVINE:
- 1 skodelica nesoljenega masla, stopljenega
- 2 skodelici svetlo rjavega sladkorja
- 2 veliki jajci
- 1 čajna žlička vanilijevega ekstrakta
- 2 skodelici večnamenske moke
- ½ čajne žličke pecilnega praška
- ½ čajne žličke soli
- ½ skodelice soljene karamelne omake

NAVODILA:
a) Pečico segrejte na 350°F in namastite pekač.
b) V skledi za mešanje zmešajte stopljeno maslo in rjavi sladkor, dokler se dobro ne zmešata.
c) Eno za drugim stepemo jajca, nato pa vanilijev ekstrakt.
d) V ločeni skledi zmešajte moko, pecilni prašek in sol.
e) Postopoma dodajajte suhe sestavine v mokro mešanico in mešajte, dokler se le ne povežejo.
f) Polovico mase za blondie vlijemo v pripravljen pekač in jo enakomerno razporedimo.
g) Čez testo pokapljamo polovico soljene karamelne omake.
h) Na vrh vlijemo preostalo maso in jo enakomerno razporedimo, nato pa pokapljamo preostalo soljeno karamelno omako.
i) Z nožem vmešajte karamelno omako v testo za marmoriran učinek.
j) Pecite 25-30 minut ali dokler robovi niso zlato rjavi in zobotrebec, zaboden v sredino, ne izstopi z nekaj vlažnimi drobtinami.
k) Pustite, da se blondinčki ohladijo, preden jih razrežete na kvadratke.

29.Sufleji s pokovko s slano karamelo

SESTAVINE:
- 125 ml polnomastnega mleka
- 125 ml dvojne smetane
- 105 g sladkorja v prahu
- 25 g riža za puding
- 1 vanilijev strok, razrezan
- 75 g nesoljenega masla, zmehčanega
- 6 beljakov
- 20 g pokovke

SOLJENA KARAMELNA OMAKA
- 100 g sladkorja, plus 75 g za ramekine
- 45 g soljenega masla, narezanega na koščke
- 60 ml dvojne smetane
- ½ čajne žličke morske soli

NAVODILA:
a) Pečico segrejte na 140°C in v hladilnik postavite štiri modelčke za sufle velikosti 9,5 x 5 cm ali ramekine, da se ohladijo.
b) V pekaču zmešajte mleko, smetano, 15 g sladkorja, riž, vanilijev strok in ščepec soli.
c) Pokrijte in pecite 2 uri ali dokler se riž ne zmehča, vsakih 30 minut premešajte.
d) Odstranite vanilijev strok, nato zmes prenesite v mešalnik in stepite v gladek pire, pri čemer pazite, da ne ostanejo riževa zrna. Pokrijemo in pustimo, da se ohladi.
e) Medtem za karamelno omako stresite 100 g sladkorja na dno pekača z debelo podlago.
f) Postavimo na srednje močan ogenj in pozorno spremljamo sladkor, ko se začne topiti.
g) Ponev občasno pretresite, da se porazdeli sladkor, ki se še ni stopil, in ko se stopi, ga s silikonsko lopatko zmešajte in nežno razbijte grudice.
h) Ko je gladka, temno jantarna tekočina – pazite, da se ne zažge – na hitro vmešajte maslo.
i) Počasi vlijte smetano in mešajte, dokler ne nastane sijoča, sijoča karamelna omaka. Vmešajte morsko sol. Dati na stran.

j) Ko so ramekini popolnoma hladni, jih vzemite iz hladilnika in jih po notranjosti izdatno namažite z maslom, pazite, da ne manjka nobena lisa, in namažite vse do roba.

k) 75 g sladkorja stresite v en ramekin in ga obračajte, da je notranjost temeljito prekrita s sladkorjem, nato presežek stresite v drugega in ponavljajte, dokler niso vsi prekriti. Dati na stran.

l) Beljake stresemo v večjo skledo in z električno metlico stepamo na visoki hitrosti 1 minuto.

m) Postopoma dodajte četrtino preostalega sladkorja, stepajte še minuto, nato še eno četrtino.

n) ni vključen ves sladkor .

o) Ko dodate ves sladkor , nadaljujte z stepanjem še 30 sekund, dokler ne nastanejo trdi, sijoči vrhovi.

p) Medtem dajte pire iz riževega pudinga in 15 g osoljene karamelne omake v veliko toplotno odporno skledo, ki jo postavite nad ponev z vrelo vodo.

q) Mešanico rahlo segrejte in premešajte, nato pa odstavite z ognja.

r) Četrtino stepenih beljakov vmešajte v mešanico riževega pudinga, da se zrahlja, nato pa vmešajte preostanek, dokler se popolnoma ne premeša.

s) Pečico segrejemo na 200C.

t) Mešanico za sufle z žlico vlijemo v pripravljene rampeke, tako da jih nekoliko prepolnimo.

u) S paletnim nožem poravnajte vrhove.

v) Potegnite s stisnjenim palcem in kazalcem po notranjem robu vsakega od ramekina, da zagotovite, da se bodo sufleji dvignili naravnost navzgor.

w) Po vrhu jih potresemo s pokovko, nato jih položimo na pekač in spečemo na srednji rešetki pečice.

30. Preste s karamelo in čokolado

SESTAVINE:
- Palice za preste
- 1 skodelica karamele (nezavite)
- 1 skodelica čokoladnih koščkov
- Različni prelivi (npr. posipi, zdrobljeni oreščki)

NAVODILA:
a) Pekač obložite s peki papirjem.
b) Karamele stopite v posodi, primerni za mikrovalovno pečico, v skladu z navodili na embalaži.
c) Vsako palico preste potopite v stopljeno karamelo in pustite, da odvečna količina odteče. S karamelom obložene preste položimo na pripravljen pekač.
d) Pekač za približno 15 minut postavimo v hladilnik, da se karamela strdi.
e) V drugi skledi, primerni za uporabo v mikrovalovni pečici, v mikrovalovni pečici stopite čokoladne koščke in mešajte vsakih 30 sekund, dokler ni gladka.
f) Vsako s karamelom obloženo presto pomočite v stopljeno čokolado in pustite, da morebitni odvečni del odteče.
g) Takoj, ko je čokolada še mokra, potresemo s prelivom po izbiri.
h) S čokolado namočene preste položite nazaj na pekač in ohladite, dokler se čokolada ne strdi.
i) Ko strdi, vzemite iz hladilnika in postrezite.

31. Karamelne jabolčne rezine

SESTAVINE:
- Jabolka (katera koli sorta), brez peščic in narezana na rezine
- Karamelna omaka
- Prelivi po vaši izbiri (sesekljani oreščki, nastrgan kokos, mini čokoladni čips itd.)

NAVODILA:
a) Vsako jabolčno rezino pomočite v karamelno omako in jo enakomerno premažite.
b) Obložene jabolčne rezine položite na pekač, obložen s pergamentom.
c) Po s karamelom obloženih jabolčnih rezinah potresemo želene prelive.
d) Pekač postavimo v hladilnik za približno 10-15 minut, da se karamela strdi.
e) Postrezite in uživajte v slastnih karamelnih jabolčnih rezinah!

32. Grižljaji karamelne riževe torte

SESTAVINE:
- Riževe pogače
- Karamelna omaka
- Izbirni prelivi (čokoladni koščki, posipi, sesekljani oreščki itd.)

NAVODILA:
a) Vsako riževo torto premažite s tanko plastjo karamelne omake.
b) Potresite želene prelive po riževih kolačkih, obloženih s karamelo.
c) Riževe kolačke postavimo v hladilnik za približno 10-15 minut, da se karamela strdi.
d) Ko strdijo, riževe kolačke s karamelo narežite na majhne koščke.
e) Postrezite in uživajte v grižljajih karamelne riževe torte!

33. Datlji, polnjeni s karamelo

SESTAVINE:
- Datlji, brez koščic
- Karamelni bonboni, nepakirani
- Neobvezni dodatki (sesekljani oreščki, nastrgan kokos, morska sol itd.)

NAVODILA:

a) Vsak datlj po dolžini previdno prerežite in odstranite koščico.

b) V vsak datelj položite karamelni bonbon.

c) Neobvezno: po datljih, polnjenih s karamelo, potresite želene prelive.

d) Postrezite takoj ali shranite v nepredušni posodi, dokler ne boste pripravljeni za uživanje.

e) Uživajte v čudovitih datljih, polnjenih s karamelo!

34. Caramel Pretzel Palice

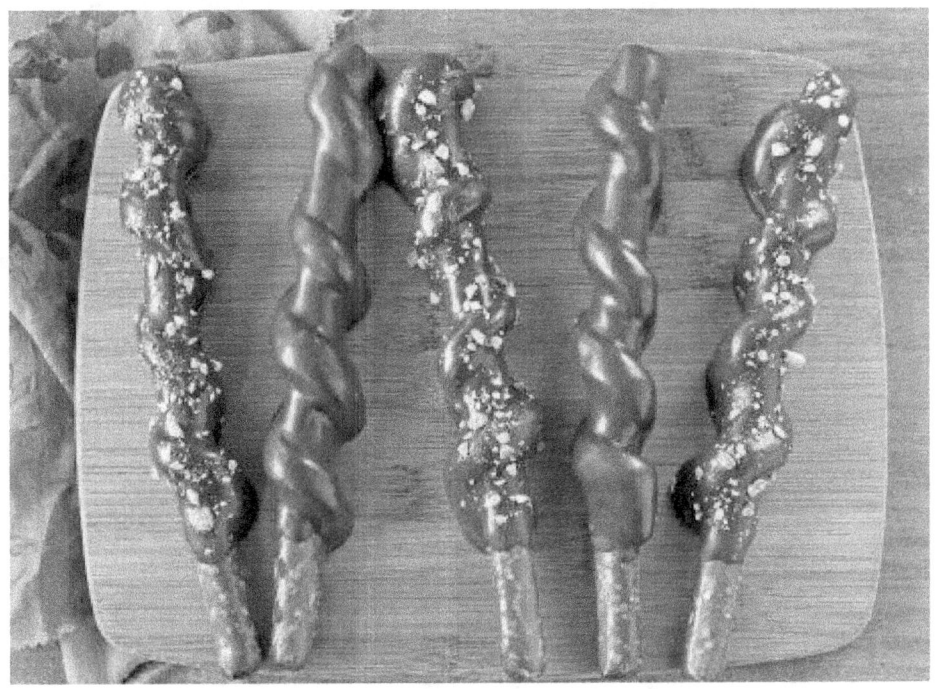

SESTAVINE:
- Palice za preste
- Karamelni bonboni, nepakirani
- Izbirni prelivi (čokoladni koščki, zdrobljeni oreščki, posipi itd.)

NAVODILA:

a) V vsak nezavit karamelni bonbon vstavite paličico preste, pri čemer pustite del preste odprtega za držanje.

b) S karamelo prekrite paličice preste segrejte v mikrovalovni pečici v 30-sekundnih intervalih, dokler se karamela ne zmehča in rahlo stopi.

c) Izbirno: s stopljeno karamelo povaljajte palčke preste v želenem prelivu.

d) Palice za preste položite na pekač, obložen s pergamentom, in pustite, da se karamela ohladi in strdi.

e) Postrezite in uživajte v karamelnih palčkah!

SLADICA

35.Cadbury karamelna torta s sirom

SESTAVINE:
- 300 g digestiv piškotov, zdrobljenih
- 150 g nesoljenega masla, stopljenega
- 600 g kremnega sira, zmehčanega
- 150 g sladkorja v prahu
- 1 čajna žlička vanilijevega ekstrakta
- 300 ml dvojne smetane
- 150 g čokolade Cadbury, sesekljane
- 150 g Cadbury Caramel čokolade, sesekljane
- Karamelna omaka, za prelivanje

NAVODILA:
a) Pečico segrejte na 180C/160C ventilator/plin 4.
b) Zdrobljene piškote in stopljeno maslo zmešamo in vtisnemo v dno 23 cm vzmetnega modela za torte.
c) Pečemo v pečici 10 minut, nato odstranimo in pustimo, da se ohladi.
d) V veliki skledi stepite kremni sir, sladkor in vanilijev ekstrakt do gladkega.
e) V ločeni skledi stepamo dvojno smetano, dokler ne nastane mehak vrh.
f) Stepeno smetano vmešajte v mešanico kremnega sira, nato pa vanjo vmešajte na koščke narezano čokolado.
g) Polovico zmesi vlijemo na ohlajeno piškotno podlago in po vrhu pogladimo.
h) Prelijemo s karamelno omako in potresemo s polovico nasekljane čokolade Cadbury Caramel.
i) Preostalo mešanico vlijemo na vrh in ponovno pogladimo vrh.
j) Hladite v hladilniku vsaj 2 uri ali dokler se ne strdi.
k) Okrasite s preostalo narezano čokolado Cadbury Caramel in pred serviranjem pokapajte še s karamelno omako.

36. Jabolčno-karamelna narobe obrnjena torta

SESTAVINE:
- 1 veliko jabolko, olupljeno, strženo in na tanke rezine narezano
- 10 žlic sladkega masla, zmehčanega
- 1 ¼ skodelice granuliranega belega sladkorja in 3 žlice
- 2 jajci
- 1 skodelica orehov orehov, sesekljanih
- 1 čajna žlička cimeta
- 2 skodelici bele pšenične moke
- 1 čajna žlička pecilnega praška
- ½ čajne žličke sode bikarbone
- ¼ čajne žličke soli
- 1 skodelica kisle smetane
- ½ čajne žličke ekstrakta vanilije

NAVODILA:

a) Jabolko olupimo, odstranimo sredico in na tanko narežemo. V 9-palčni litoželezni ponvi na srednje nizkem ognju stopite 2 žlici masla. Dodajte rezine jabolk in jih pražite približno 3 minute, dokler ne ovenijo. Jabolčne rezine preložimo na krožnik.

b) Ogenj povečajte na visoko, dodajte ¼ skodelice sladkorja v ponev in med pogostim mešanjem kuhajte, dokler se sladkor ne stopi in postane zlate barve, približno 3 minute. Odstranite ponev z ognja in po dnu razporedite rezine jabolk v krožnem vzorcu. Ponev odstavite.

c) Nasekljajte orehe in jih potresite s 3 žlicami sladkorja in cimetom. Dati na stran.

d) Moko presejemo s pecilnim praškom, sodo bikarbono in soljo; dati na stran.

e) V skledi stepite preostalo zmehčano maslo, dokler ne postane svetlo. Postopoma stepite 1 skodelico sladkorja, jajca (eno po eno), kislo smetano in vanilijev ekstrakt. Suhe sestavine vmešajte v testo.

f) Rešetko pečice nastavite na srednji položaj in pečico segrejte na 350°F (175°C).

g) Polovico mešanice pekanov potresemo po razporejenih jabolkih v ponvi. S prsti ali žlico previdno razporedite polovico testa za torto po pekanih. Potresite preostalo mešanico orehov orehov po testu in nato porazdelite preostalo testo za torte po orehih orehih.

h) Pecite torto, dokler vrh ne postane zlate barve in zobotrebec, ki ga zapičite v sredino, ne izstopi čist, približno 45 minut.

i) Pustite, da se torta 5 minut ohlaja na rešetki. Z majhnim nožem potegnite po robu torte in torto previdno obrnite na servirni krožnik. Če se kakšna jabolčna rezina prime na ponev, jo z nožem zrahljajte in razporedite po torti.

j) Jabolčno-karamelno obrnjeno torto postrezite rahlo toplo ali pri sobni temperaturi. Pokrito lahko hranite na sobni temperaturi do 2 dni. Uživajte!

37. Caramel Vanilla Espresso kolački

SESTAVINE:
KOLAČKI:
- 3 ½ skodelice večnamenske moke
- 1 ¼ skodelice sladkorja v prahu
- 3 žličke pecilnega praška
- ½ čajne žličke fine soli
- ½ skodelice nesoljenega masla, zmehčanega
- 2 veliki jajci
- 1 ½ skodelice polnomastnega mleka
- ½ skodelice rastlinskega olja
- 2 žlici grškega jogurta ali kisle smetane
- 1 čajna žlička vanilijevega ekstrakta ali paste iz stroka vanilije
- 5 žlic Kahlua
- ¾ skodelice slane karamelne omake
- Kavna zrna za dekoracijo

GLAZURA:
- 1 serija puhaste glazure iz vaniljeve maslene kreme
- 5 žlic Kahlua

VODKA ČOKOLADNA OMAKA:
- 1 ¼ skodelice čokoladne omake
- 3 žlice vodke

NAVODILA:
a) Pečico segrejte na 160 °C (320 °F) za pečico z ventilatorjem ali 180 °C (356 °F) za običajno pečico. Pekač za kolačke obložite s podlogami za kolačke.

b) V skledi stoječega mešalnika, opremljenega z nastavkom za lopatice, zmešajte moko, pecilni prašek, sladkor in sol. Mešajte na nizki hitrosti nekaj minut, da se vse dobro poveže. Lahko pa suhe sestavine presejete skupaj.

c) Suhim sestavinam dodajte zmehčano maslo in mešajte, dokler ne postane finega peska podobne strukture.

d) V velikem vrču zmešajte mleko, jajca, jogurt (ali kislo smetano), olje in vanilijev ekstrakt.

e) Postopoma dodajte mokre sestavine k suhim sestavinam v počasnem in enakomernem toku ter mešajte, dokler suhe sestavine niso več vidne. Postrgajte posodo in mešajte še 20 sekund.

f) Vsako podlogo za kolačke napolnite približno ¾. Ta postopek lahko hitro in enostavno naredite z žlico za sladoled, lahko pa uporabite tudi dve žlici.

g) Kolačke pecite 20-25 minut oziroma dokler zobotrebec, ki ga zapičite, ne izstopi čist. Pustite, da se popolnoma ohladijo na žični hladilni rešetki, preden jih zamrznete.

h) Pripravite vodko čokoladno omako tako, da zmešate vodko in čokoladno omako.

i) Za glazuro zmešajte glazuro iz vaniljeve maslene kreme s 5 žlicami kahlue.

j) Ko se kolački ohladijo, potopite vrh vsakega kolačka v Kahluo in pustite, da presežek odteče. Izrežite sredino vsakega kolačka in ga napolnite s čokoladno omako iz vodke.

k) Namestite cevno vrečko s konico za cev in kolačke zamrznite v vrtinčnem vzorcu.

l) Vsak kolaček zaključite s kapljico slane karamelne omake in okrasite z dvema kavnima zrnoma na vrhu.

38. Čokoladni in karamelni mousse tiramisu

SESTAVINE:
- 400 g temne čokolade, sesekljane
- 400 g mlečne čokolade, sesekljane
- 6 jajc, ločenih
- 1 ½ lističev želatine s titanovo trdnostjo, zmehčane v hladni vodi
- 900 ml goste smetane
- 2 žlički paste iz stroka vanilije
- ½ skodelice sladkorja v prahu
- 1 skodelica kavnega likerja
- 400 g ženskih piškotov
- Kakav, v prah

KARAMELNA PENA
- 800 ml goste smetane
- 2 lista želatine s titanovo trdnostjo, zmehčana v hladni vodi
- 2 x 250 g kozarca dulce de leche, rahlo pretlačena, da se zrahlja

NAVODILA:
a) Čokolado dajte v toplotno odporno skledo nad ponev z vrelo vodo in mešajte, dokler se ne stopi in postane gladka. Nekoliko ohladite, nato pa prenesite v stoječi mešalnik z nastavkom za lopatice.
b) Stepemo rumenjake.
c) V majhno ponev na majhen ogenj dajte 300 ml smetane in zavrite. Iz želatine iztisnite odvečno vodo in jo vmešajte v smetano, dokler se ne stopi in poveže. V 3 serijah stepite čokoladno mešanico do gladkega. Prenesite v veliko, čisto skledo.
d) Preostalih 600 ml smetane z vanilijo stepemo v čvrst sneg. Ohladite se.
e) Beljake damo v stojni mešalnik z nastavkom za stepanje in stepemo v čvrst sneg. Dodajte sladkor, 1 žlico naenkrat, in mešajte, dokler se ne raztopi in zmes postane sijajna.
f) Stepeno smetano vmešamo v čokoladno zmes, nato pa v 2 sklopih vmešamo stepene beljake. Ohladite, dokler ni pripravljen za sestavljanje.
g) Za karamelni mousse postavite 200 ml smetane v majhno ponev na majhen ogenj in zavrite. Iz želatine iztisnite odvečno vodo in jo vmešajte v smetano, dokler se ne stopi in poveže. Rahlo ohladimo.

Preostalih 600 ml smetane dajte v stojni mešalnik z nastavkom za stepanje in stepite do mehkega vrha. Zmešajte zrahljano mešanico dulce de leche in želatine, dokler se ne združita. Ohladite 30 minut.

h) Kavni liker dajte v široko skledo. Polovico ladyfinger piškotov pomočimo v liker in jih v dvojni plasti razporedimo po dnu 6L servirne posode. Z žlico nalijemo polovico čokoladnega moussa.

i) Preostale piškote pomočimo v liker in jih v dvojni plasti razporedimo po moussu. Na vrh nanesite karamelni mousse, vrh pa zgladite s paletnim nožem. Hladite 2-3 ure, dokler se ne strdi. Preostali čokoladni mousse dajte v cevno vrečko z 1 cm navadnim nastavkom in ohladite do uporabe.

j) Preostalo čokoladno peno nanesite na vrh karamelnega moussa. Hladite 4-5 ur ali čez noč, dokler se ne strdi. Za serviranje potresemo s kakavom.

39.Snicker karamelna jabolčna pita

SESTAVINE:
ZA SKORICO:
- 2 skodelici večnamenske moke
- ½ čajne žličke soli
- ⅔ skodelice nesoljenega masla, ohladite in narežite na majhne koščke
- 4-5 žlic ledene vode

ZA NADEV:
- 5-6 srednje velikih jabolk (kot je Granny Smith), olupljenih, brez sredice in na tanke rezine narezanih
- ½ skodelice granuliranega sladkorja
- ¼ skodelice večnamenske moke
- 1 čajna žlička mletega cimeta
- ¼ čajne žličke mletega muškatnega oreščka
- ¼ čajne žličke soli
- 1 skodelica Snickers ploščice, narezane na majhne koščke
- ½ skodelice karamelne omake

ZA PRELIV:
- ½ skodelice večnamenske moke
- ½ skodelice ovsenih kosmičev
- ½ skodelice rjavega sladkorja
- ¼ čajne žličke mletega cimeta
- ¼ skodelice nesoljenega masla, stopljenega

NAVODILA:
a) Pečico segrejte na 375 °F (190 °C).
b) V veliki skledi za mešanje zmešajte moko in sol za skorjo. Dodajte hladno maslo in z rezalnikom za pecivo ali s prsti narežite maslo v moko, dokler zmes ne postane podobna grobim drobtinam.
c) Med mešanjem testa z vilicami postopoma dodajajte ledeno vodo, eno žlico naenkrat. Mešajte le toliko časa, da se testo združi in oblikuje kroglo. Pazite, da ne premešate preveč.
d) Testo razdelite na pol in en del razvaljajte na rahlo pomokani površini. Razvaljano testo prenesite v 9-palčni pekač za pite in ga pritisnite na dno in navzgor ob straneh. Odvečno testo obrežite.

e) V ločeni skledi zmešajte narezana jabolka, kristalni sladkor, moko, cimet, muškatni oreček in sol za nadev. Mešajte, dokler niso jabolka enakomerno obložena .

f) Narezane ploščice Snickers razporedite po dnu skorje za pito . Snickers plast prelijemo s karamelno omako. Nato na vrh položite jabolčno zmes.

g) V manjši skledi zmešajte moko, ovsene kosmiče, rjavi sladkor, cimet in stopljeno maslo za preliv. Mešajte, dokler zmes ne postane drobljiva.

h) Mešanico za preliv enakomerno potresemo po jabolčnem nadevu.

i) Pito ohlapno pokrijte z aluminijasto folijo in jo položite na pekač, da ujamete morebitne kaplje. Pečemo 40 minut.

j) Odstranite folijo in nadaljujte s peko še dodatnih 20-25 minut ali dokler skorja ni zlato rjava in jabolka niso mehka.

k) Ko je pečena, pito vzamemo iz pečice in pustimo, da se ohladi na rešetki.

l) Snickers karamelno jabolčno pito postrezite toplo ali pri sobni temperaturi. Uživajte!

40. Caramel Popcorn Extravaganza Cupcakes

SESTAVINE:
KOLAČKI:
- 3 ½ skodelice večnamenske moke
- 1 ¼ skodelice najfinejšega železnega sladkorja
- 3 žličke pecilnega praška
- ½ čajne žličke fine soli
- ½ skodelice nesoljenega masla, zmehčanega
- 2 veliki jajci
- 1 ½ skodelice polnomastnega mleka
- ½ skodelice rastlinskega olja
- 2 žlici grškega jogurta ali kisle smetane
- 1 čajna žlička vanilijevega ekstrakta ali paste iz stroka vanilije
- 1 skodelica Butterscotch omake
- ¾ skodelice kremne koruze
- Karamelna pokovka

GLAZURA:
- 1 serija glazure Fluffy Buttercream

NAVODILA:
KOLAČKI:
a) Pečico segrejte na 180 °C (356 °F).
b) V skledi stoječega mešalnika, opremljenega z nastavkom za lopatice, zmešajte suhe sestavine (moko, sladkor, pecilni prašek in sol) in mešajte pri nizki hitrosti.
c) V ločeni skledi zmešajte vse mokre sestavine (jogurt, jajca, koruzno smetano, mleko, olje in vanilijo).
d) Suhim sestavinam dodajte zmehčano maslo in mešajte, dokler testo ne postane zrnato s teksturo, podobno pesku.
e) Postopoma dodajte mokre sestavine v počasnem in enakomernem toku ter mešajte, dokler se dobro ne povežejo. Postrgajte skledo, da zagotovite, da so vse sestavine vključene.
f) Maso zajemamo v pripravljene modelčke za kolačke, obložene s papirčki za piškote, in jih napolnimo približno do ¾.
g) Pecite 20-25 minut ali dokler nabodalo, vstavljeno v sredino, ne pride ven z vlažnimi drobtinami.

h) Ko se kolački popolnoma ohladijo, z nožem ali polovico jabolk naredite luknjo v sredini vsakega kolačka. Luknje napolnite z masleno omako.

GLAZURA:

i) Pripravite serijo glazure Fluffy Buttercream.

SESTAVLJANJE:

j) Uporabite navaden nastavek, da kolačke prelijete z glazuro iz maslene kreme.

k) Pokapljajte še masleno omako na vrhu glazuranih kolačkov.

l) Vsak kolaček prelijte z grozdom karamelne pokovke.

41. Slana karamela in oreščki Dacquoise

SESTAVINE:

ZA MERINGUE:
- 250 g sladkorja v prahu
- 150 g sesekljanih lešnikov
- 150 g mletih mandljev
- 9 večjih beljakov (ali 360 g tekočega beljaka)
- 100 g sladkorja v prahu

ZA SLANO KARAMELO:
- 250 g sladkorja v prahu
- 150 ml dvojne smetane
- Ščepec kosmičev morske soli

ZA GANACHE:
- 100 g mlečne čokolade, nalomljene na koščke
- 50 g 70% temne čokolade, nalomljene na koščke
- 150 ml dvojne smetane

ZA ITALIJANSKO MASLENO KREMO IZ MERINGUE:
- 3 večji beljaki (ali 120 g tekočega beljaka)
- 280 g sladkorja v prahu
- 275 g nesoljenega masla, zmehčanega
- 1 čajna žlička vaniljeve paste

ZA SATJE:
- 350 g sladkorja v prahu
- 8 žlic zlatega sirupa
- 2 čajni žlički sode bikarbone

OKRASITI:
- 100 g naribanih mandljev, opečenih

ZA SLADKORNO KUPOLO (NEOBVEZNO):
- 100 g sladkorja v prahu
- 50 g tekoče glukoze

OPREMA:
- 26 cm pekač za torto
- Pekači x3, vsak obložen s peki papirjem
- Termometer za sladkor
- Pekač, podlago obložen s peki papirjem
- 20 cm toplotno odporna skleda, zunanji vrh prekrit z 2 slojema toplotno odporne folije za živila

- Srednja cevna vreča, opremljena s srednje odprto zvezdasto šobo
- 16 cm tortni obroč ali rezalnik, namazan z oljem

NAVODILA:
a) Po modelu za torte kot vodilu narišite s svinčnikom krog na vsak kos papirja, s katerim ste obložili pekač. Kose papirja vrnite na pekač s svinčnikom navzdol.
b) Pečico segrejte na 190 °C/170 °C ventilator/375 °F/plin 5.
c) Naredi meringue. V sekljalnik stresite sladkor v prahu, sesekljane lešnike in mlete mandlje. Mešajte, dokler zmes ne postane podobna finim krušnim drobtinam.
d) Beljake v skledi stoječega mešalnika z metlico stepamo na srednji hitrosti 3–5 minut, dokler beljaki ne dosežejo mehkega vrha.
e) Dodajte sladkor, 1 žlico naenkrat, dobro mešajte na srednji hitrosti med vsakim dodajanjem, dokler zmes ni gladka in se sladkor popolnoma vključi. Nadaljujte z mešanjem, dokler ne dodate vsega sladkorja in meringue postane svetlo bela, svilnato gladka in zelo trda (10–15 minut).
f) Z veliko kovinsko žlico vmešajte mešanico oreščkov, pazite, da ne izbijete zraka iz meringue.
g) Z žlico enakomerno porazdelite mešanico meringue med tri pekače in jo razporedite v disk, da napolnite predlogo kroga.
h) Kolute meringue pečemo 25 minut, dokler ne postanejo rahlo zlate barve. Odstranite jih iz pečice in položite meringue kolute na rešetko. Pustite, da se ohladi, nato previdno odlepite peki papir.
i) Medtem pripravimo slano karamelo. Segrevajte sladkor s 3 žlicami vode v ponvi s težkim dnom na majhnem ognju, občasno rahlo zavrtite ponev (vendar ne mešajte), dokler se sladkor ne raztopi.
j) Ogenj povečamo, sirup zavremo in brez mešanja kuhamo, dokler ne postane jantarne barve, nato ponev odstavimo z ognja.
k) Previdno vlijte smetano in kosmiče morske soli v enakomernem toku, med neprekinjenim mešanjem. Če se karamela začne strjevati, vrnite na ogenj in mešajte, dokler ni popolnoma gladka. Pustite, da se popolnoma ohladi.
l) Naredite čokoladni ganache. Obe čokoladi stresite v toplotno odporno skledo. Smetano vlijemo v srednje veliko ponev in postavimo

na srednji ogenj. Zavremo, nato ponev takoj odstavimo z ognja in čokolado prelijemo s smetano. Pustite 2 minuti, da postane gladka. Dati na stran.

m) Pripravite italijansko meringo masleno kremo. Sladkor in 3 žlice vode dajte v majhno ponev, ki jo postavite na majhen ogenj. Ko se sladkor raztopi, povečajte ogenj, da hitro zavre, dokler sirup ne doseže 121 °C na sladkornem termometru.

n) Medtem v skledi stoječega mešalnika z metlico stepamo beljake na srednji hitrosti, dokler beljaki ne dosežejo mehkega vrha.

o) Sirup odstavimo z ognja in ga z metlico pri polni hitrosti počasi v tankem curku vlijemo k beljakom. Nadaljujte z mešanjem, dokler meringue ni zelo gosta in sijoča, skleda pa hladna na dotik.

p) Postopoma dodajte maslo in po vsakem dodajanju stepajte, dokler maslena krema ni gladka in gosta.

q) Ohlajeno karamelo stresite v masleno kremo meringue in mešajte, dokler ni popolnoma mešana. Masleno kremo ohladite, dokler je niste pripravljeni uporabiti.

r) Naredite satje. Sladkor in zlati sirup dajte v globoko srednje veliko ponev in jo postavite na majhen ogenj. Ko se sladkor in sirup raztopita, povečajte ogenj in na hitro zavrite, dokler sirup ne doseže 150 °C na termometru.

s) Dodajte sodo bikarbono in nežno premešajte, da se meša. V obložen pekač na hitro vlijemo brbotajočo medeno zmes. Pustite, da se popolnoma strdi (le nekaj minut), nato pa ga razdrobite na koščke.

ZA SESTAVLJANJE DACQUOISE

t) Eno od meringue plasti položite na velik, raven servirni krožnik in jo premažite s tretjino meringue maslene kreme. Na vrh položite drugo meringue plast in jo premažite s čokoladnim ganachejem. Na vrh položite zadnjo plast meringue.

u) Rezervirajte ¼ preostale maslene kreme in jo nato razporedite po vrhu in straneh.

v) Prihranjeno masleno kremo z žlico stresite v cevno vrečko, opremljeno z zvezdastim nastavkom, in nanesite vrtinčke maslene kreme meringue okoli zgornjega roba dacquoise.

w) Popražene mandlje v kosmičih stresite na stranice dacquoise in jo postavite v hladilnik, da se ohladi.

x) Naredite sladkorno kupolo, če jo uporabljate. Sladkor, glukozo in 3 žlice vode dajte v majhno ponev, ki jo postavite na majhen ogenj. Ko se sladkor raztopi, povečajte ogenj, da hitro zavre, dokler sirup ne doseže 145 °C na termometru. Sladkor ohladimo, dokler se temperatura ne zniža na 115°C.

y) Obroč za torte postavite na površino folije za živila nad skledo in na sredino obroča previdno vlijte sirup. S konicami prstov nežno pritisnite na zunanjo stran tortnega obroča in tako spodbudite sladkorno kupolo, da se počasi dvigne navzgor. Ohranite enakomeren pritisk 5–10 minut, medtem ko se kupola strdi. Previdno odstranite tortni obroč s dna sladkorne kupole.

z) Na rob dacquoise položite koščke satja, da oblikujete obroč s cedljeno masleno kremo in na sredino razporedite nekaj satja. Če ste naredili sladkorno kupolo, jo postavite na sredino dacquoise.

aa) Postrezite takoj.

42. Jabolčna pita s slano karamelo

SESTAVINE:

SKORA ZA PITO (Naredi: 2 SKORIJI):
- 2 ½ skodelice večnamenske moke
- 1 čajna žlička košer soli
- 1 žlica granuliranega sladkorja
- ½ funta hladnega nesoljenega masla
- 1 skodelica hladne vode
- ¼ skodelice jabolčnega kisa

KARAMELA (Zadovoljuje: ZA 2 PITI):
- 1 skodelica granuliranega sladkorja
- ¼ skodelice nesoljenega masla
- ½ skodelice težke smetane za stepanje
- ½ čajne žličke morske soli

NADEV ZA JABOLČNO PITO (Zadošča ZA 1 PITO):
- 3 funte jabolk Granny Smith
- 1 žlica granuliranega sladkorja
- Limonin sok, po potrebi (približno ¼ skodelice)
- 2-3 kapljice grenčice Angostura
- ⅓ skodelice surovega sladkorja
- ¼ čajne žličke mletega cimeta
- ¼ čajne žličke mletega pimenta
- Ščepec sveže naribanega muškatnega oreščka
- ¼ čajne žličke košer soli
- 2 žlici večnamenske moke
- 2 žlici koruznega škroba
- 1 jajce (za pranje jajc)
- Sladkor v surovem stanju za zaključek

NAVODILA:

ZA PITO SKORIJO:
a) V skledi zmešamo moko, sol in sladkor.
b) S strgalnikom za sir naribajte hladno maslo v mešanico moke.
c) Ločeno zmešajte vodo in kis v majhni skledi. Hraniti na hladnem.
d) Z rokami premešajte in počasi dodajte 2 žlici mešanice vode/kisa v mešanico moke, dokler se ne združi. nekaj
e) lahko ostanejo suhi koščki; to je v redu.

f) Testo razdelite na 2 dela in vsak del posebej zavijte v plastično folijo. Postavite v hladilnik za vsaj eno uro ali čez noč. Opomba: lahko zamrznete do 3 tedne.
g) En del ohlajenega testa za pito posebej razvaljajte (vsak del je ena skorja) na rahlo pomokano površino.
h) Zvito skorjo položite v 9-palčni namaščen pekač za pito.

ZA KARAMELO:
i) V kozici na majhnem ognju stopimo sladkor. NE pustite, da se zažge.
j) Ko se sladkor stopi , odstavite z ognja. Stepemo maslo.
k) Vmešajte močno smetano za stepanje in morsko sol.
l) Naj se ohladi.

ZA NADEV JABOLČNE PITE:
m) Jabolka olupimo, odstranimo sredico in nasekljamo. Postavite v 8-litrsko posodo. Vsak kos prelijemo z limoninim sokom in 1 žlico granuliranega sladkorja.
n) Jabolka potresemo z grenčicami, surovim sladkorjem, mletim cimetom, pimentom, muškatnim oreščkom, košer soljo, večnamensko moko in koruznim škrobom.
o) Dobro premešaj.
p) Tesno položite jabolka v pripravljeno lupino za pito, pri čemer jabolka rahlo zabodite v sredino.
q) Jabolka enakomerno prelijemo s ¾ skodelice ohlajene karamelne omake.
r) Razvaljajte preostalo testo za skorjo za pito kot zgornjo skorjo za pito; po želji ustvarite mrežo. Robove dveh skorij za pito stisnite skupaj.
s) Pred peko pito ohladite 10-15 minut.
t) Pečemo 20 minut pri 400 stopinjah; pečemo dodatnih 30 minut pri 375 stopinjah. Pito obvezno obrnite, če med peko na enem robu potemni.
u) Pustite, da se ohladi 2-3 ure, preden postrežete. Narežemo na 7 rezin.

43.Klasični francoski Crème au Caramel

SESTAVINE:
- 1 ½ skodelice sladkorja, razdeljeno
- ¼ čajne žličke limoninega soka
- 2 skodelici polnomastnega mleka
- 1 skodelica težke smetane
- 2 veliki jajci
- 3 veliki rumenjaki
- 1 ščepec soli
- 2 žlički čistega vanilijevega ekstrakta

NAVODILA:
a) Pečico segrejte na 325 °F (163 °C).
b) V ponev dodajte 1 skodelico sladkorja skupaj z limoninim sokom in 2 čajni žlički vode.
c) Segrevajte na srednje nizkem ognju in mešajte z leseno žlico ali vrtite ponev, dokler sladkor ne postane temno rjave barve, kar traja približno 6 do 8 minut. Bodite previdni in ne puščajte lonca brez nadzora, saj se lahko karamela zlahka zažge.
d) Enako razdelite karamelo na dno 4 do 5 (6 unč) ramekinov.
e) Zavrtite karamelo, da prekrijete dno in le rahlo navzgor ob straneh vsakega ramekina. Postavite jih na stran.
f) V ločeni ponvi segrejte mleko in smetano na srednje nizkem ognju, dokler ni ravno vroče, vendar ne vre. Odstranite z ognja.
g) V veliki skledi zmešajte jajca, rumenjake in ½ skodelice sladkorja, dokler se dobro ne premešajo.
h) Počasi vmešajte vroče mleko in ga dodajajte po zajemalki, dokler se popolnoma ne vgradi v jajca. Nato vmešajte sol in vanilijev ekstrakt.
i) Mešanico kreme prelijte čez karamelo v vsako ramekin.
j) Ramekins položite v pekač. Previdno nalijte vrelo vodo na dno pekača, pazite, da je ne poškropite ali vlijete v ramekine.
k) Pekač postavite na spodnjo rešetko pečice in pecite 20 do 25 minut oziroma dokler se krema še vedno ne premika, vendar je ravno strjena.
l) Odstranite ramekine iz pekača s kleščami ali vročo blazinico. Pustite, da se nekoliko ohladijo, nato pa vsakega zavijte s plastično folijo in postavite v hladilnik za najmanj 3 ure ali največ 24 ur.
m) Za serviranje z ostrim nožem zrahljajte kremo ob robu vsakega ramekina. Nato kremo zvrnemo na krožnik in takoj postrežemo.
n) Uživajte v okusni klasični francoski Crème au Caramel!

44. Turški lešnikov karamelni rižev puding

SESTAVINE:
- 1 skodelica zlomljenega riža
- 1 skodelica vroče vode
- 5 skodelic mleka
- 1 skodelica težke smetane
- 1 skodelica granuliranega sladkorja
- 1 žlica riževe moke
- 1 paket vanilijevega ekstrakta

Za preliv:
- 1 skodelica granuliranega sladkorja
- ¼ skodelice težke smetane
- 1 skodelica lešnikov

NAVODILA:

a) Riž kuhamo v vroči vodi 5 minut. Nato dodamo segreto mleko in na hitro kuhamo, da se riž zmehča.

b) V ločeni skledi zmešajte smetano, kristalni sladkor in riževo moko. Nato dodajte to zmes v lonec in hitro premešajte. Ko se zgosti, dodamo vanilijev ekstrakt in premešamo.

c) Zmes razdelite v servirne sklede in odstavite.

d) Za preliv v ločenem loncu stopite kristalni sladkor. V drugi posodi segrejemo smetano. Smetani dodamo stopljeni sladkor in premešamo. Naj se ohladi.

e) V ponvi popražimo lešnike in jih dodamo ohlajeni karamelni zmesi.

f) Vsako porcijo riževega pudinga prelijemo z žlico lešnikove karamelne mešanice.

g) Postrezite in uživajte v riževem pudingu z lešniki in karamelo!

45. Caramel Macchiato Mousse

SESTAVINE:
- 1 skodelica težke smetane
- 2 žlici sladkorja v prahu
- 2 žlici karamelne omake
- 2 žlici instant kavnih zrnc
- ½ čajne žličke vanilijevega ekstrakta
- Stepena smetana in karamelni posip za okras (neobvezno)

NAVODILA:
a) V skledi za mešanje stepite smetano, sladkor v prahu, karamelno omako, instant kavo in vanilijev ekstrakt, dokler ne nastanejo mehki vrhovi.
b) Zmes za peno razdelite v servirne kozarce ali sklede.
c) Hladimo vsaj 2 uri, da se mousse strdi.
d) Preden postrežemo, po želji okrasimo s kančkom stepene smetane in kančkom karamelne omake.

46.Orange Bavarois s karamelo

SESTAVINE:
ZA BAVARSKO:
- 3 pomaranče
- ½ limone
- 3 jajca
- 100 g sladkorja
- 4 lističi želatine
- 250 ml smetane
- 1 strel Cointreau

ZA KARAMELO:
- 100 g sladkorja

NAVODILA:
a) Dve od treh pomaranč ožamemo in sok precedimo skozi gosto cedilo. Soku dodamo sok polovice limone in nekaj drobno naribane limonine lupinice.
b) Lističe želatine namočimo v hladno vodo in stepemo smetano.
c) Zavremo nekaj vode (v ponvi). To bo uporabljeno za stepanje jajc au bain-marie.

STEPANJE:
d) Dodajte jajca v skledo, odporno na vročino, in to skledo postavite na vrh ponve. Prepričajte se, da se posoda ne dotika vode.
e) Ko voda zavre, zmanjšajte ogenj. Z metlico stepamo jajca, da postanejo svetlo rumena in puhasta. Odstranite vse velike mehurčke.

ŽELATINA:
f) V pekač vlijemo nekaj pomarančnega soka, dodamo lističe želatine in zavremo, da se vsa želatina raztopi.
g) Preostanek pomarančnega soka in Cointreau počasi vlijemo v posodo, odporno na vročino. Žlico po žlico dodajamo sladkor. Mešajte še 5 minut.
h) Posodo odstavimo z ognja in prilijemo topel pomarančni sok (z želatino). To stepamo še 2 minuti, nato dodamo stepeno smetano.
i) Mešanico Bavarois nalijte v kozarce in ohladite za približno 4-6 ur.

KARAMELA:
j) V nepregorni pekač dodajte sladkor in 4 žlice vode. Strane pekača namažite z vodo, da preprečite kristalizacijo.
k) Na majhnem do srednjem ognju naredite karamelo.
l) Na peki papir namažemo tanko plast olja in položimo v globok pekač, odporen na vročino.
m) Ko karamela porjavi, jo previdno vlijemo v globoko posodo. Pustite, da se karamela popolnoma ohladi.
n) Bavarske vrhove obložite s krhlji pomaranč in ohlajeno karamelo.

47. Rožmarinov karamelni pot de crème

SESTAVINE:
- 2 skodelici polnomastnega mleka
- 1 skodelica granuliranega sladkorja
- 1 vejica svežega rožmarina
- 6 velikih rumenjakov
- 1 čajna žlička vanilijevega ekstrakta
- Kosmičasta morska sol za okras

NAVODILA:

a) V ponvi segrevajte polnomastno mleko in kristalni sladkor, dokler ne zavre.
b) Mlečni mešanici dodajte vejico svežega rožmarina in pustite stati 15 minut.
c) Odstranite rožmarin in mešanico mleka zavrite.
d) V ločeni skledi zmešajte rumenjake in vanilijev ekstrakt, dokler se dobro ne povežeta.
e) Vročo mlečno mešanico, prepojeno z rožmarinom, med nenehnim mešanjem počasi vlivamo v rumenjake.
f) Mešanico nalijte v posamezne lončke de creme in jo pred serviranjem ohladite vsaj 3 ure.
g) Preden postrežete, potresite ščepec morske soli v prahu na vrh vsakega lončka.

48. Tiramisu Flan

SESTAVINE:
ZA KARAMELO
- 150 g sladkorja
- 15 g vode
- 10 g limoninega soka

ZA FLAN
- 284 g maskarponeja 0% laktoze
- 284 g mleka brez laktoze
- 270 g jajc (4 L jajc)
- 160 g sladkorja
- 10 g instant kave

NAVODILA:
KARAMELA :
a) V ponev dajte sladkor, limono in vodo.
b) Postavite na zmeren ogenj in pustite, dokler ne postane zlatorjave barve.
c) Vročo karamelo položite v model za dariole.

FLAN
a) Mascarpone 0% Lactose zmešajte z vsemi ostalimi sestavinami s pomočjo mešalnika.
b) Kremno zmes vlijemo v karameliziran model in kuhamo pri 150ºC v pečici s parnim kotlom 30 minut.
c) Odstranite iz pečice in pustite v hladilniku 2 uri, preden jih odstranite iz kalupa.

49.Vafelj sladice s karamelno omako

SESTAVINE:
- Vaflji
- Vanilijev sladoled
- Karamelna omaka
- Prelivi po vaši izbiri: stepena smetana, čokoladni sirup, sesekljani oreščki, posipi itd.

NAVODILA:
a) Pripravite vaflje po svojih željah. Za segrevanje vnaprej pripravljenih vafljev lahko uporabite toaster ali pečico ali pripravite sveže vaflje z pekačem za vaflje.
b) Ko so vaflji pripravljeni, jih pustite, da se nekoliko ohladijo, da so topli, a ne vroči.
c) Topel vafelj položite na krožnik ali v skledo kot osnovo za sladoled.
d) Na vrh vaflja dodajte kepico ali dve vaniljevega sladoleda.
e) Sladoled izdatno pokapajte s karamelno omako.
f) Dodajte dodatne prelive po želji, na primer stepeno smetano, čokoladni sirup, sesekljane oreščke ali posipe.
g) Ponovite plasti z drugim vafljem, sladoledom, karamelno omako in prelivi po želji.
h) Takoj postrezite sladoled z vaflji in uživajte v kombinaciji hrustljavih vafljev, kremastega sladoleda in slastne karamelne omake.

50.Banana Caramel creme Crêpe s

SESTAVINE:
ZA DOMAČO KREMNO KARAMELO:
- 1 skodelica granuliranega sladkorja
- ¼ skodelice vode
- 4 velika jajca
- ½ skodelice granuliranega sladkorja
- 2 skodelici polnomastnega mleka
- 1 čajna žlička vanilijevega ekstrakta

ZA CRÊRPES:
- 6 že pripravljenih palačink

ZA BANANIN KARAMELNI KREM NADEV:
- 4 banane, razdeljena uporaba
- 8-unčna posoda domače kremne karamele
- Jogurt z okusom
- ½ skodelice stepene smetane ali zamrznjenega stepenega preliva brez mleka, odmrznjenega, plus dodatek za okras
- Javorjev ali čokoladni sirup

NAVODILA:
PRIPRAVITE DOMAČO KREMNO KARAMELO:
a) V majhni ponvi zmešajte 1 skodelico granuliranega sladkorja in ¼ skodelice vode.
b) Mešanico segrevajte na srednje močnem ognju brez mešanja.
c) Pustite vreti, dokler ne postane globoko jantarne barve. Ponev občasno pretresite, da zagotovite enakomerno karamelizacijo. To lahko traja približno 8-10 minut.
d) Ko karamela doseže želeno barvo, jo takoj vlijemo na dno 9-palčnega okroglega pekača za torte. Pekač nagnite, da enakomerno prekrijete dno.
e) Pekač, oblit s karamelom, odstavimo, da se ohladi in strdi.
PRIPRAVA KREMINE:
f) V skledi za mešanje zmešajte 4 velika jajca in ½ skodelice granuliranega sladkorja, dokler se dobro ne združi.
g) Mešanici jajc in sladkorja med nenehnim mešanjem postopoma dodajte 2 skodelici polnomastnega mleka.
h) Vmešajte 1 čajno žličko vanilijevega ekstrakta, da okusite kremo.
i) Pečico segrejte na 350 °F (175 °C).
j) Kremno zmes previdno prelijemo čez strjeno karamelo v tortnem pekaču.
k) Pekač postavimo v večji pekač (na primer pekač).
l) Ustvarite vodno kopel tako, da dodate vročo vodo v večjo posodo, dokler ne doseže polovice stranic pekača. To pomaga zagotoviti enakomerno kuhanje in gladko teksturo vaše karamelne kreme.
m) Večjo posodo pokrijemo z aluminijasto folijo.
n) Celotno postavitev postavite v predhodno ogreto pečico.
o) Pecite približno 45-50 minut ali dokler se krema ne strdi, vendar se v sredini še vedno rahlo premika.
p) Pekač vzamemo iz pečice in pustimo, da se ohladi na sobno temperaturo.
q) Ko je ohlajena, karamelno kremo ohladite vsaj 4 ure ali čez noč za najboljše rezultate.
r) Za serviranje potegnite z nožem po robu pekača, da se karamela zrahlja. Na vrh ponve postavite obrnjen servirni krožnik in ga hitro

obrnite, da se karamela spusti na krožnik. Karamela bo tekla čez kremo in ustvarila čudovit preliv.
s) Narežite in postrezite svojo domačo kremno karamelo, s karamelno omako, ki jo prelijete po kremi.
t) Pustite, da se ohladi, nato pa ohladite, dokler se ne strdi.
u) Pripravite bananin karamelni nadev:
v) Postavite 2 banani v kuhinjski robot ali mešalnik in mešajte do gladkega.
w) Zmiksanim bananam dodajte jogurt in mešajte, dokler se dobro ne poveže.
x) Vmešajte ½ skodelice stepene smetane ali odmrznjenega stepenega preliva brez mleka.

SESTAVITE CRÊRPES:
y) Na vsak servirni krožnik položite Crêpe.
z) Domačo kremno karamelo enakomerno porazdelite po vsaki palačinki.
aa) Preostale banane narežite na kovance.
bb) Preostale bananine rezine porazdelite po kremni karameli na vsako palačinko.
cc) Vsaki palačinki dodajte kanček stepene smetane ali stepenega preliva brez mleka.
dd) Vsako palačinko pokapljajte z javorjevim ali čokoladnim sirupom.

51. Orehovi in karamelni sladoledni sendviči

SESTAVINE:
- 1 ½ skodelice večnamenske moke
- ½ čajne žličke sode bikarbone
- ¼ čajne žličke soli
- ½ skodelice nesoljenega masla, zmehčanega
- ½ skodelice granuliranega sladkorja
- ½ skodelice pakiranega rjavega sladkorja
- 1 veliko jajce
- 1 čajna žlička vanilijevega ekstrakta
- ½ skodelice sesekljanih orehov
- 1-pint karamelnega vrtinčnega sladoleda
- Karamelna omaka za prelivanje

NAVODILA:
a) Pečico segrejte na 375 °F (190 °C) in obložite pekač s pergamentnim papirjem.
b) V skledi zmešajte moko, sodo bikarbono in sol.
c) V ločeni skledi za mešanje zmešajte zmehčano maslo, granulirani sladkor in rjavi sladkor, dokler ne postane svetlo in puhasto. Dodajte jajce in vanilijev ekstrakt ter mešajte, dokler se dobro ne združita.
d) Masleni mešanici postopoma dodajajte suhe sestavine in mešajte, dokler se le ne premešajo. Vmešamo sesekljane orehe.
e) Zaobljene jedilne žlice testa polagajte na pripravljen pekač tako, da jih razmaknete približno 2 cm narazen. Vsako kroglico testa rahlo sploščite z dlanjo.
f) Pečemo 10-12 minut oziroma dokler robovi niso zlato rjavi. Pustite, da se piškoti popolnoma ohladijo.
g) Vzemite kepico karamelnega sladoleda in jo položite med dva piškota. Prelijemo s karamelno omako.
h) Sladoledne sendviče pred serviranjem postavite v zamrzovalnik za vsaj 1 uro, da se strdijo.

52. Zažgan karamelni bourbon in sladoled iz karamele

SESTAVINE:
- 1 ½ skodelice polnomastnega mleka
- 1 ½ žlice koruznega škroba
- ½ skodelice vašega najljubšega burbona
- 1 ¼ skodelice težke smetane
- 2 žlici svetlega koruznega sirupa
- 4 žlice mascarpone sira, zmehčanega
- ¼ čajne žličke soli
- ⅔ skodelice granuliranega sladkorja
- ¾ skodelice koščkov karamele iz mlečne čokolade, kot je čips Heath ali sesekljana ploščica Heath

NAVODILA:
a) Odmerite mleko. Vzemite 2 žlici mleka in ga zmešajte s koruznim škrobom, da nastane kaša, pri čemer neprestano mešajte. Dati na stran. Mleku dodajte burbon.
b) Odmerite gosto smetano in ji dodajte koruzni sirup. Dodajte mascarpone v veliko skledo in dodajte sol. Dati na stran.
c) Za pripravo žgane karamele segrejte veliko ponev na zmernem ognju in dodajte sladkor, pazite, da je v eni plasti in pokrije celotno dno lonca. Pazite na sladkor, dokler se ne začne topiti in zunanjost postane karamelna in stopljena.
d) Ko na sredini ostane le majhna količina belega sladkorja, uporabite toplotno odporno lopatico in strgajte stopljeni sladkor s stranic v sredino.
e) Tako nadaljujte, dokler se ves sladkor ne stopi , in dobro premešajte. Opazujte sladkor, ko začne nastajati mehurčki, in ko so robovi mehurčki in iz njih izhaja dim ter sladkor postane temno jantarne barve, ga odstranite z ognja. Edini način , da ga resnično ocenimo, tik preden BURN zagori, je, da se previdno postavimo nad vrh in vohamo/gledamo. Takoj, ko odstavite z ognja, dodajte nekaj žlic mešanice smetane/koruznega sirupa in nenehno mešajte, da se združi. Počasi dodajamo preostalo smetano, zelo počasi, med nenehnim mešanjem.
f) Ponev postavite nazaj na srednji ogenj in dodajte mešanico mleka/bourbona. Mešanico segrejte do vrenja.

g) Pustite vreti 4 minute. Odstranite z ognja in vmešajte zmes iz koruznega škroba ter mešajte, da se združi. Postavite nazaj na ogenj in kuhajte še 1-2 minuti, mešajte z lopatko, dokler se rahlo ne zgosti. Zmes previdno vlijemo v veliko skledo z mascarponejem in z metlico premešamo.

h) Napolnite veliko skledo z ledom in ledeno vodo, tako da postavite odprto galonsko vrečko z zadrgo v vodo z dnom navzdol. Zmes previdno vlijemo v vrečko, iztisnemo zrak in zapremo. Hladite 30-45 minut.

i) Ko je ohlajeno, stepite v skladu z navodili .

j) Ko ga stepete, razporedite v posodo, ki je primerna za zamrzovanje, in na vrh položite kos plastične folije, tako da pritisnete na sladoled. Pred serviranjem zamrznite za 4-6 ur. Opomba: ta sladoled je mehak!

53. Caramel Macchiato Affogato

SESTAVINE:
- 1 kepica karamelnega sladoleda ali sladoleda
- 1 skodelica espressa
- karamelni sirup
- smetano .

NAVODILA:
a) V servirni kozarec položite kepico karamelnega sladoleda ali sladoleda.
b) Preko sladoleda prelijte kanček vročega espressa.
c) Prelijemo s karamelnim sirupom.
d) Po vrhu premažemo stepeno smetano.

54.Karamelni sladoled

SESTAVINE:
- 2 skodelici polnomastnega mleka
- ¼ skodelice jajčnih rumenjakov
- ¼ skodelice belega granuliranega sladkorja
- ¼ čajne žličke vanilijevega ekstrakta
- ½ skodelice karamelne omake
- 1 skodelica težke smetane
- ⅛ čajne žličke soli

NAVODILA:
a) V majhni ponvi zmešajte polnomastno mleko in smetano ter na srednjem ognju zavrite. Takoj, ko zavre, ugasnite ogenj in ponev odstranite z vroče kuhalne plošče.
b) Dodajte karamelno omako v mlečno mešanico in premešajte, da se združi.
c) Medtem ko čakate, da mešanica smetane in mleka zavre, penasto stepajte rumenjake in sladkor, dokler ne postanejo bledi in penasti. Za ta korak boste morda želeli uporabiti električni mešalnik, saj boste morali mešati nekaj časa!
d) Medtem ko stepamo rumenjake, h rumenjakom počasi vlivamo vročo mlečno zmes, neprestano mešamo in polivamo, da se jajca slučajno ne skuhajo s toploto mleka.
e) Mešanico mleka in jajc dodajte nazaj v ponev in vrnite na štedilnik ter kuhajte na majhnem ognju, dokler ni mešanica dovolj gosta, da lahko pokrijete zadnjo stran žlice. vendar pri tem morate paziti, da mešate. Ne pustite, da mleko zavre in če opazite, da se v mešanici začnejo delati grudice, mešanico odstavite z ognja in precedite skozi cedilo.
f) Pustite, da se mešanica gelato ohladi v hladilniku, popolnoma pokrita, vsaj 4 ure ali po možnosti čez noč.
g) Ko je mešanica sladoleda ohlajena, jo vlijte v aparat za sladoled in zamrznite sladoled v skladu z navodili stroja za sladoled. Gelato bo imel teksturo mehkega sladoleda, ko bo pripravljen v aparatu za sladoled. Na tej stopnji ga zajemite v posodo, primerno za zamrzovanje, in postavite v zamrzovalnik za vsaj dve uri. Postrezite lepo in hladno, ko boste pripravljeni na uživanje!

55.Kokos-Cajeta Roll Ice Cream

SESTAVINE:
CAJETA
- 2 skodelici kozjega mleka
- 1 skodelica granuliranega sladkorja
- ½ čajne žličke vanilijevega ekstrakta

BAZA
- 1 skodelica smetane
- ½ skodelice kondenziranega mleka
- 2 do 3 kapljice kokosovega izvlečka
- ⅓ skodelice Cajete

NAVODILA:
CAJETA
a) V ponvi z debelim dnom zmešajte kozje mleko in sladkor.
b) Mešanico segrevajte na majhnem ognju in nenehno mešajte, dokler se sladkor ne raztopi.
c) Ko se sladkor raztopi, povečajte toploto na srednjo temperaturo in mešanico zavrite.
d) Zmanjšajte ogenj na nizko in med občasnim mešanjem še naprej kuhajte približno 1 do 1,5 ure ali dokler se mešanica ne zgosti in postane karamelne barve.
e) Odstranite z ognja in vmešajte vanilijev ekstrakt.
f) Pustite, da se cajeta ohladi na sobno temperaturo, preden jo uporabite v receptu za sladoled.

BAZA
g) V čist in velik pekač dodamo smetano in kondenzirano mleko.
h) Mešanici dodajte 2 do 3 kapljice kokosovega ekstrakta.
i) Nato po kremni mešanici enakomerno pokapljajte ⅓ skodelice domače kajete.
j) Z lopatko zmes enakomerno razporedimo po pekaču.
k) Pladenj postavimo v zamrzovalnik in pustimo, da zmrzne čez noč.
l) Naslednji dan pladenj vzamemo iz zamrzovalnika in pustimo nekaj minut na sobni temperaturi, da se nekoliko zmehča.
m) Z isto lopatko sladoled previdno povaljamo z enega konca pladnja na drugega, tako da nastanejo sladoledne rolice.
n) Postrezite in po želji okrasite z dodatno domačo kajeto.

56. Dulce De Leche Baileys Pops

SESTAVINE:
ZA DULCE DE LECHE:
- 1 pločevinka (14 unč) sladkanega kondenziranega mleka

ZA POPE:
- 8 unč kremnega sira - zmehčanega
- ½ skodelice sladkorja
- ½ skodelice kisle smetane
- ¾ skodelice pol in pol
- ¼ skodelice Baileys - plus 2 žlici
- ⅔ skodelice dulce de leche
- ½ skodelice cimetovih kosmičev – zdrobljenih

NAVODILA:
ZA DULCE DE LECHE:
a) V ponev vlijemo sladkano kondenzirano mleko.
b) Med nenehnim mešanjem segrevajte na majhnem do srednje nizkem ognju.
c) Še naprej kuhajte in mešajte približno 1 do 1,5 ure ali dokler se mešanica ne zgosti in postane karamelne barve.
d) Odstranite z ognja in pustite, da se ohladi na sobno temperaturo, preden ga uporabite v receptu za pops.

ZA POPE:
e) V skledi vašega stoječega mešalnika, opremljenega z nastavkom za lopatico, približno 3 minute stepajte kremni sir in sladkor. Postrgajte po straneh in dodajte kislo smetano, pol-in-pol in ¼ skodelice Baileys. Stepajte, dokler se ne združi pri nizki hitrosti.
f) Z žlico razporedite plast mešanice v 8 modelčkov ali majhnih skodelic.
g) Postavite v zamrzovalnik in pustite stati 2 uri.
h) V skledi zmešajte dulce de leche in preostali 2 žlici Baileysa. ⅔ ga stresite v vrečko z zadrgo in odrežite vogal.
i) Vzemite pops iz zamrzovalnika in na vsakega stisnite plast dulce de lecheja. Dodajte pop palčko in prelijte s preostalo mešanico kremnega sira. Postavite v zamrzovalnik, dokler se strdi, 4 do 6 ur dlje.
j) Ko ste pripravljeni za serviranje, pops pomočite v preostalo mešanico dulce de leche in nato povaljajte v zdrobljenih kosmičih. Postrezite takoj.

57. Karamelni čokoladni eklerji

SESTAVINE:
- 12 Eclair školjk, brez polnjenja
- 2 skodelici karamelne slaščičarske kreme, ohlajene
- 1 skodelica čokoladnega ganacheja, pri sobni temperaturi

NAVODILA:
a) Z majhnim nožem za lupljenje naredite majhno luknjo na obeh koncih vsakega eklera.

b) Slaščičarsko vrečko z majhno navadno konico napolnimo z ohlajeno karamelno kremo.

c) Konico vstavite v luknjo eklera in jo nežno stisnite, da jo napolnite. Ponovite postopek za drugo luknjo.

d) Nadaljujte s polnjenjem vsakega eklerja, dokler vsi niso napolnjeni s slastno karamelno kremo.

e) Uporabite majhno lopatico, da enakomerno glazirate vsak ekler s čokoladnim ganachejem sobne temperature.

f) Pustite, da se ganache strdi, preden postrežete te čudovite karamelne čokoladne eklerje.

58. Eclairs s kavno karamelno glazuro

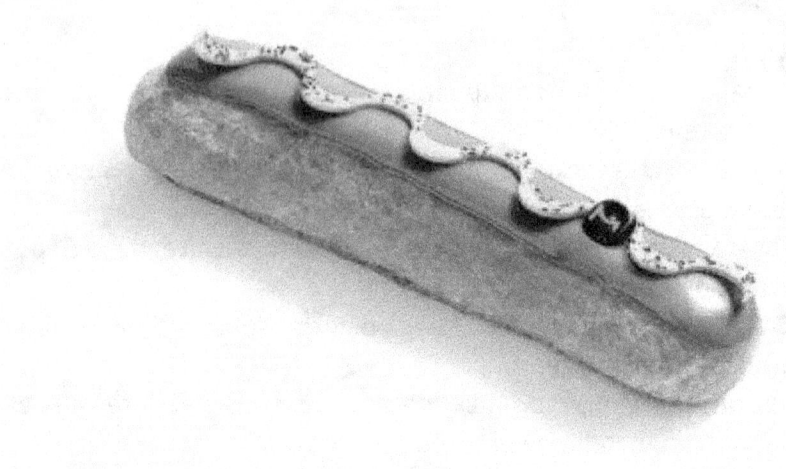

SESTAVINE:
ZA CHOUX PECIVO:
- 1 skodelica vode
- ½ skodelice nesoljenega masla
- 1 skodelica večnamenske moke
- 4 velika jajca

ZA NADEV:
- 2 skodelici slaščičarske smetane
- 2 žlici instant kave
- ½ skodelice karamelne omake

ZA KAVNO KARAMELNO MIRROR GLAZURO:
- ½ skodelice vode
- 1 skodelica granuliranega sladkorja
- ½ skodelice sladkanega kondenziranega mleka
- 1 ½ skodelice temne čokolade, sesekljane
- 2 žlici instant kave

NAVODILA:
CHOUS PECIVO:
a) V ponvi zmešajte vodo in maslo. Zavremo.
b) Dodamo moko in močno mešamo, dokler zmes ne oblikuje krogle. Odstranite z ognja.
c) Pustite, da se testo nekoliko ohladi, nato dodajte jajca eno za drugim in po vsakem dodajanju dobro premešajte.
d) Testo prestavimo v cevno vrečko in na pekač naložimo eklerje.
e) Pečemo v predhodno ogreti pečici pri 375 °F (190 °C) 25-30 minut ali dokler ne postanejo zlato rjave barve.

POLNJENJE:
f) Ko se eklerji ohladijo, jih vodoravno prerežite na pol.
g) Instant kavo raztopite v majhni količini vroče vode. Vmešamo v slaščičarsko kremo.
h) V slaščičarsko kremo z okusom kave vmešajte karamelno omako, da se dobro premeša.
i) Vsak ekler napolnite s kavnim karamelnim nadevom s pomočjo cevne vrečke ali žlice.

KAVA KARAMELNA MIRROR GLAZURA:

j) V ponvi zmešajte vodo, sladkor in sladkano kondenzirano mleko. Zavremo.
k) Odstavite z ognja in dodajte temno čokolado in instant kavo. Mešajte do gladkega.
l) Pustite, da se glazura ohladi na 90-95 °F (32-35 °C).

SESTAVLJANJE:
m) Čez pekač postavite rešetko, da ujamete odvečno glazuro.
n) Vrh vsakega eklerja pomočite v kavno karamelno zrcalno glazuro, da zagotovite enakomeren premaz.
o) Pustite, da odvečna glazura odteče, nato pa eklerje prenesite na rešetko.
p) Pustite, da se glazura strdi približno 15 minut, preden jo postrežete.
q) Uživajte v okusnih kavnih karamelnih glaziranih éclairjih!

59. Pecan Caramel Éclairs

SESTAVINE:
ZA CHOUX PECIVO:
- 1 skodelica vode
- ½ skodelice nesoljenega masla
- 1 skodelica večnamenske moke
- 4 velika jajca

ZA NADEV:
- 2 skodelici slaščičarske kreme z okusom karamele
- Sesekljani pekani za okras

ZA KARAMELNO GLAZURO:
- 1 skodelica granuliranega sladkorja
- ¼ skodelice vode
- ½ skodelice težke smetane
- ¼ skodelice nesoljenega masla

NAVODILA:
CHOUS PECIVO:
a) Pečico segrejte na 375 °F (190 °C) in obložite pekač s pergamentnim papirjem.
b) V ponvi zmešajte vodo in maslo. Segrevajte na zmernem ognju, dokler se maslo ne stopi in mešanica zavre.
c) Odstavite z ognja, dodajte moko in močno mešajte, dokler zmes ne oblikuje krogle.
d) Pustite, da se testo ohladi nekaj minut, nato dodajte jajca eno za drugim in po vsakem dodajanju dobro stepite.
e) Testo prenesite v cevno vrečko in na pripravljen pekač nanesite eklerje.
f) Pečemo približno 30 minut oziroma do zlato rjave barve. Pustite, da se ohladi.

POLNJENJE:
g) Eklerje napolnite s slaščičarsko kremo z okusom karamele. Za polnjenje vsakega éclairja lahko uporabite cevno vrečko ali majhno žličko.
h) Polnjene éclairs okrasite s sesekljanimi pekani.

KARAMELNA GLAZURA:

i) V ponvi z debelim dnom na srednjem ognju zmešajte sladkor in vodo. Mešajte, dokler se sladkor ne raztopi.
j) Pustite, da mešanica zavre brez mešanja. Nadaljujte s kuhanjem, dokler karamela ne postane globoko jantarne barve.
k) previdno in počasi dodajajte smetano. Bodite previdni , saj bo mešanica mehurčkala.
l) Odstranite ponev z ognja in vmešajte nesoljeno maslo, dokler ni gladko.
m) Pustite, da se karamelna glazura ohladi nekaj minut, nato pa vrh vsakega éclairja pomočite v karamelno glazuro, da zagotovite enakomerno prekrivanje. Pustite, da presežek odteče .
n) Glazirane eklerje položimo na pladenj in pustimo, da se ohladijo, dokler se karamela ne strdi.
o) Postrezite ohlajeno in uživajte v sladkem in oreščkovem užitku karamelnih eclairjev s pekanom!
p) Na vrh lahko dodate več sesekljanih pekan orehov za dodatno teksturo. Uživajte v domačih pekanovih karamelnih eklerjih!

60. Jabolčni sufleji s slano karamelno omako

SESTAVINE:
- Stopljeno maslo za mazanje
- 4½ jabolka Cox, olupljena, brez sredice in na četrtine
- 150 g temnega muscovado sladkorja
- ¾ čajne žličke mletega cimeta
- 1 vanilijev strok, po dolžini prerezan na pol, postrgati semena
- 3 srednja jajca proste reje, ločena
- 8-10 gobastih prstov
- 3 žlice kalvadosa
- 75 g zlatega sladkorja
- Sladkor v prahu

ZA SLANO KARAMELNO OMAKO
- 300 ml enojne smetane
- 1 vanilijev strok, po dolžini prerezan na pol, postrgati semena
- 190 g zlatega sladkorja
- 225 g soljenega masla, narezanega na kocke

NAVODILA:
a) Pečico segrejte na 200 °C/180 °C z ventilatorjem/plinom. Jabolka zložimo v pekač, potresemo s sladkorjem muscovado in cimetom, dodamo semena vanilije in strok, nato pa med občasnim premešanjem kuhamo 45 minut, dokler se ne zmehčajo.

b) Odstranite strok vanilije, jabolka in morebitne sokove z žlico stresite v kuhinjski robot, nato pa stepite v pire. Dodamo rumenjake, stepamo in nato prestavimo v skledo za mešanje. Pečico prižgite na 220°C/200°C ventilator/plin 7.

c) Medtem pripravimo soljeno karamelno omako. V ponev damo smetano, vanilijeva semena in strok ter zavremo. Segrejte veliko ponev na srednje močnem ognju in dodajte 190 g zlatega sladkorja, žlico za žlico, tako da se vsak dodatek stopi, preden dodate naslednjega. Mehurčite, dokler ne nastane globoka jantarna karamela.

d) Odstranite vanilijev strok iz smetane, nato jo prelijte čez karamelo in mešajte na zmernem ognju, dokler se ne poveže.

e) Kos za koščkom stepite maslo, da dobite svetlečo omako. Obdrži toplo.

f) Gobičaste prste nalomite na 1-2 cm velike koščke in jih položite na dno ramekins.
g) Pokapljamo s kalvadosom. V pečico damo pekač, da se segreje.
h) Beljake dajte v čisto posodo za mešanje. Z električnim mešalnikom stepite do trdega vrha, nato pa po žlico naenkrat dodajte 75 g zlatega sladkorja in po vsakem dodajanju ponovno stepajte do trdega vrha, dokler ni ves sladkor vmešan.
i) Vmešajte žlico meringe v jabolčni pire, da se zrahlja, nato pa pire nežno zložite v meringue z veliko kovinsko žlico v obliki osmice.
j) Razdelite med ramekins. S paletnim nožem poravnajte vrhove, nato pa s konico namiznega noža potegnite okoli vsakega sufleja.
k) Ramekine položimo na segret pekač v pečico.
l) Pecite 12-15 minut, dokler ne narastejo in zlato porjavijo, vendar še vedno z rahlim nihanjem v sredini.
m) Posujte s sladkorjem v prahu in takoj postrezite s karamelno omako.

61. Torta Magnolia Caramel Bundt

SESTAVINE:
TORTA MAGNOLIJA:
- ⅔ skodelice mandljevega mleka
- 1 skodelica cvetnih listov magnolije
- 1 ½ skodelice moke brez glutena (enaki deli škroba tapioke in bele riževe moke ter 1 čajna žlička ksantanskega gumija na vsake 4 skodelice)
- 1 ½ skodelice mandljeve moke
- ¼ čajne žličke mletega posušenega ingverja
- ⅔ skodelice masla brez mleka, pri sobni temperaturi
- 1 čajna žlička sladkega čičerikinega misa
- 1 ½ skodelice granuliranega sladkorja
- 2 žlički pecilnega praška
- 1 žlica paste iz stroka vanilije
- 5 velikih jajc, pri sobni temperaturi

KANDIRANE TEPALE:
- 16 cvetnih listov magnolije
- 1 beljak
- 1 čajna žlička vodke
- Kristalni sladkor

GLAZURA:
- ½ skodelice masla brez mleka, pri sobni temperaturi
- ¾ skodelice rjavega sladkorja
- 3 žlice mandljevega mleka
- 2 skodelici sladkorja v prahu

NAVODILA:
a) Pečico segrejte na 325°F. Temeljito namastite pekač z 10 skodelicami.
b) V mešalniku zmešajte mandljevo mleko in cvetove magnolije do gladkega. Dati na stran.
c) V srednji skledi zmešajte moko brez glutena, mandljevo moko in mlet posušen ingver.
d) V drugi skledi stepite maslo brez mlečnih izdelkov in miso. Dodajte pecilni prašek, vanilijo in granulirani sladkor; stepajte, dokler ni gladko

in puhasto. Dodajte jajca eno za drugo, po vsakem dodajanju dobro stepite.

e) Dodajte ⅓ mešanice moke, stepajte, dokler se ne združi, nato dodajte polovico magnolijinega mleka in stepajte, dokler se ne združi. Nadaljujte izmenično, začnite in končajte z mešanico moke. Prepričajte se, da je vse dobro premešano, preden testo vlijete v pekač.

f) Pečemo 50-60 minut, tik čez točko, kjer zabodeni zobotrebec pride ven čist. (Notranja temperatura mora biti 210 °F ali nekoliko višja)

NAREDITE KANDIRANE TEPALE MAGNOLIJE

g) Beljak stepemo z vodko do gladkega. S čistim čopičem pobarvajte obe strani cvetnice magnolije z mešanico, jo pritisnite na krožnik sladkorja, obrnite in pritisnite drugo stran, da jo premažete. Ponovite s preostalimi cvetnimi listi.

h) Pustite, da se torta ohladi v pekaču 15 minut, preden jo obrnete na rešetko, da se popolnoma ohladi.

i) Med ohlajanjem torte naredite glazuro. V ponvi na majhnem ognju zavrite vegansko maslo, rjavi sladkor in mandljevo mleko. Mešajte, dokler se rjavi sladkor ne raztopi. Odstranite z ognja in dodajte sladkor v prahu skodelico za skodelico, dobro mešajte, dokler ni gladka, tako da dosežete konsistenco "roseče".

j) Še topel kolač prelijemo z glazuro in jo enakomerno razmažemo. Na torto položite kandirane cvetne liste magnolije, ko je glazura še topla, saj se bo strdila, ko se ohladi.

62.Caramel Macchiato Tres Leches torta

SESTAVINE:
ZA KREMNO MEŠANICO:
- 1 (14 unč) pločevinka sladkanega kondenziranega mleka
- 1 (12 unč) pločevinka evaporiranega mleka
- ½ skodelice močne smetane za stepanje
- 1 skodelica hladne močne kave
- 1 čajna žlička vanilijevega ekstrakta

ZA TORTO:
- 1 ½ skodelice granuliranega sladkorja
- ½ skodelice masla, zmehčanega
- 1 žlica vanilijevega ekstrakta
- 4 velika jajca
- 2 skodelici večnamenske moke
- 1 čajna žlička pecilnega praška
- 1 čajna žlička sode bikarbone
- ½ čajne žličke soli
- 1 skodelica polnomastnega mleka

ZA GLAZIDO:
- 2 skodelici močne smetane za stepanje
- ½ skodelice dulce de leche
- 2 žlici sladkorja v prahu
- ⅛ čajne žličke soli
- Segret dulce de leche za polivanje (po želji)

NAVODILA:
ZA KREMNO MEŠANICO:
a) V skledi zmešajte vse sestavine kremne mešanice; dati na stran.

ZA TORTO:
b) Pečico segrejte na 350ºF. Namastite in pomokajte 13x9-palčni pekač za torte; dati na stran.
c) V skledi zmešajte granulirani sladkor, zmehčano maslo in 1 žlico vanilije. Stepajte pri srednji hitrosti, dokler se ne združi. Dodajte jajca; nadaljujte s stepanjem, dokler zmes ne postane rahla in puhasta.
d) V drugi skledi dobro premešamo moko, pecilni prašek, sodo bikarbono in sol. Dodajte mešanico moke v mešanico masla; stepajte

pri nizki hitrosti, dokler se dobro ne združi. Dodajte mleko in nadaljujte s stepanjem, dokler ni dobro premešano .

e) Testo vlijemo v pripravljen pekač. Pecite 35-40 minut oziroma dokler zobotrebec, ki ga zapičite v sredino, ne izstopi čist in se vrh lepo zapeče . Ko je torta še vroča, jo po vrhu prelijemo s smetanovo zmesjo. Pustite stati, dokler se tekočina popolnoma ne vpije. Hladite vsaj 4 ure ali čez noč.

ZA GLAZIDO:

f) Tik pred serviranjem zmešajte vse sestavine za glazuro v skledi. Stepajte pri visoki hitrosti, dokler ne nastanejo trdi vrhovi. Glazuro premažite po vrhu torte.

g) Po želji pokapljajte z dodatnim dulce de leche.

63. Tostada Sundae s kavno-karamelno omako

SESTAVINE:
- 1 do 1½ litra vanilijevega sladoleda
- 6 skodelic za sladico Tostada
- Kavno-karamelna omaka

NAVODILA:

a)   Na sredino vsake skodelice Dessert Tostada položite 2 ali 3 kepice vanilijevega sladoleda.

b)   Sladoled prelijemo s kavno-karamelno omako.

c)   Takoj postrezite in uživajte v svoji Tostada Sundae s kavno-karamelno omako.

64. Karamelna švicarska rolada

SESTAVINE:
- 4 jajca, ločena
- ⅓ skodelice rjavega sladkorja
- 1 žlica sladkornega prahu
- ½ skodelice samovzhajalne moke
- 1 žlica koruzne moke
- 2 žlici vročega mleka
- 300 ml goste smetane
- ½ pločevinke Nestle Top N Fill Caramel

NAVODILA:

a) Pečico segrejte na 210C. Pekač velikosti 25 x 30 cm ali plitek pekač obložite s papirjem za peko, tako da nekaj visi čez stranice.

b) Iz beljakov stepemo trd sneg. Dodajte rjavi sladkor in sladkor ter stepajte, dokler ne postane sijajna. Dodajte rumenjake enega za drugim, med vsakim dodajanjem dobro stepite.

c) Moko in koruzno moko presejemo skupaj in vmešamo v jajčno zmes. Na koncu prelijemo z vročim mlekom.

d) Zmes vlijemo v pripravljen model in jo zgladimo v enakomerno plast. Pečemo 6 minut.

e) Vzamemo iz pečice in s peki papirjem dvignemo iz pekača. Papir za peko previdno potegnemo stran od stranic biskvita. Po vrhu položite še en velik čist list papirja za peko in, držite ga ob straneh, nežno obrnite gobo. Postavite jo na svojo klop s krajšim koncem, ki vam je najbližje, in previdno zvijte gobo. Pustite, da se ohladi.

f) Smetano stepamo do gostote. Dodajte karamelo in nadaljujte s stepanjem, dokler se dobro ne združi. Hladite, dokler ni pripravljen za uporabo.

g) Ko se gobica ohladi, jo previdno odvijte. Namažemo s stepeno karamelno smetano. Ponovno zvijte, tokrat odstranite peki papir sproti.

h) Prenesite na servirni krožnik. Potresemo s sladkorjem v prahu. Narežemo in postrežemo.

i) Uživajte v okusni in enostavni karamelni roladi!

65. Kavno-karamelni švicarski zvitek

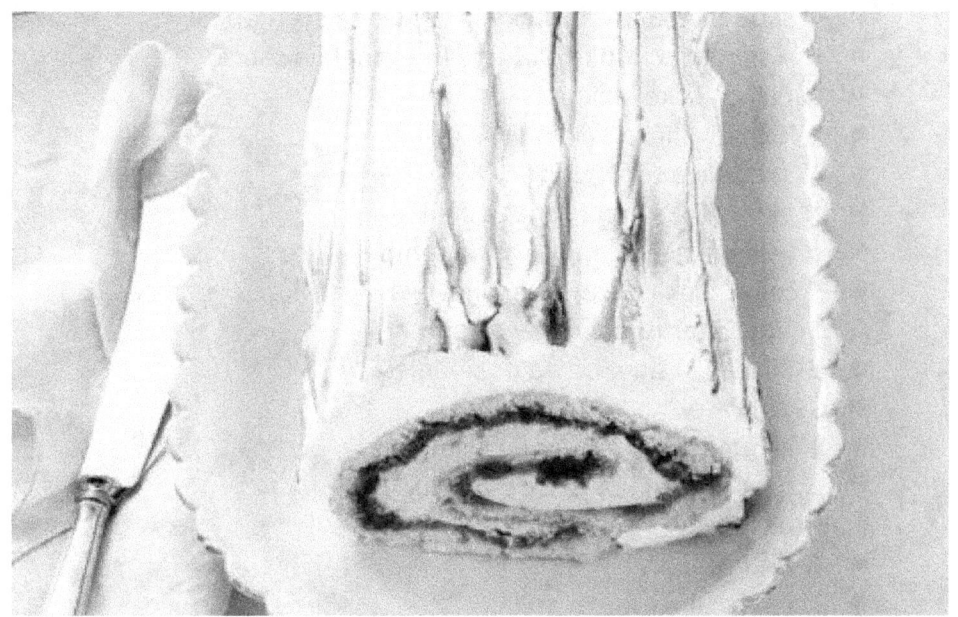

SESTAVINE:
TORTA:
- ¼ skodelice olja žafranike in še več za ščetkanje
- 1 ¼ skodelice moke za torte (ne vzhajajo same)
- ½ čajne žličke košer soli
- 1 ¼ čajne žličke pecilnega praška
- ⅓ skodelice tople vode
- ¾ skodelice granuliranega sladkorja
- 5 velikih jajc, ločenih, sobne temperature
- 1 čajna žlička čistega vanilijevega ekstrakta
- Ščepec kreme iz vinskega kamna
- Slaščičarski sladkor, za posipanje

SIRUP:
- ¼ skodelice granuliranega sladkorja
- 1 žlica instant espressa v prahu

POLNJENJE:
- 6 žlic granuliranega sladkorja
- ¼ čajne žličke košer soli
- 1 ½ skodelice težke smetane

GLAZURA:
- 2 velika beljaka
- ⅔ skodelice granuliranega sladkorja
- ½ žličke vinskega kamna
- 2 žlici svetlega koruznega sirupa
- ¼ skodelice hladne vode

NAVODILA:
a) Pečico segrejte na 350 stopinj. Z oljem namažite pekač velikosti 13 x 18 palcev z robom. Dno obložite s pergamentom; pergament premažite z oljem.

TORTA:
b) Zmešajte moko, sol in pecilni prašek.

c) V toplotno odporni posodi stepajte vročo vodo s ½ skodelice granuliranega sladkorja, dokler se ne raztopi. Stepajte olje, nato pa rumenjake in vanilijo do gladkega.

d) V mešalniku penasto stepemo beljake. Dodajte vinski kamen in stepajte, dokler ne nastanejo čvrsti vrhovi. Tretjino beljakov vmešamo v sneg, preostanek pa primešamo.
e) Testo razporedite po pripravljenem listu; pečemo do zlate barve, 17 do 19 minut.
f) Na kratko ohladite, nato pa zavijte v brisačo in pustite, da se popolnoma ohladi.
SIRUP:
g) V ponvi zavrite granulirani sladkor in vodo; vmešajte espresso v prahu.
h) Ohladite, dokler se ne ohladi, približno 30 minut.
POLNJENJE:
i) V ponvi zmešajte granulirani sladkor, vodo in sol. Prevremo do jantarne barve in dodamo smetano.
j) Prenesite v kopel z ledeno vodo, dokler se ne ohladi.
SESTAVI:
k) Kolač odvijemo, premažemo z espresso sirupom, namažemo z nadevom in zvijemo.
l) Hladite, dokler se strdi, vsaj 8 ur.
GLAZURA:
m) V toplotno odporni skledi stepite jajčne beljake, sladkor, vinski kamen, koruzni sirup in vodo nad vrelo vodo, dokler ne nastane trd sneg.
n) Glazuro premažite po torti. S kuhinjskim plamenikom ponekod porjavite.
o) Narežemo in postrežemo.

BONBONI

66.Guinnessove karamele s slanimi arašidi

SESTAVINE:
- 2 skodelici / 0,44 l pločevinka Guinness
- 80 g masla narezanega na kocke
- 80 ml smetane za stepanje
- 1 skodelica belega sladkorja
- ½ skodelice nerafiniranega sladkorja ali rjavega sladkorja
- 1 čajna žlička fine soli
- 100 g praženih in soljenih arašidov

NAVODILA:
a) Pekač premažemo z maslom in obložimo s papirjem za peko.
b) V ponvi zmanjšajte Guinness na srednje nizkem ognju na ½ skodelice. To bo trajalo približno 30 minut.
c) Dodamo maslo in popolnoma stopimo. Dodamo smetano za stepanje in sladkor. Mešajte, dokler se dobro ne poveže.
d) Postavite v termometer za sladkor. Od te točke naprej ne mešajte.
e) Na srednje nizkem ognju kuhajte, dokler temperatura ne doseže nekje med 245 °F – 250 °F.
f) To bo trajalo približno 25 minut ali več, vendar bodite ves čas pozorni na karamelo, ker se bo na koncu temperatura hitro dvignila.
g) Takoj odstranite z ognja.
h) Vmešamo sol in arašide ter vlijemo v pekač.
i) Hladimo eno uro.
j) Z ostrim nožem narežemo na kose želene velikosti.
k) Hraniti pri sobni temperaturi.

67. Karamele z maslenim rumom

SESTAVINE:
- Rastlinsko olje za mazanje
- 2 skodelici pakiranega svetlo rjavega sladkorja
- 1 skodelica težke smetane
- ¼ skodelice nesoljenega masla
- ¼ čajne žličke soli
- ¼ skodelice plus 1 čajna žlička temnega ruma
- ¼ čajne žličke vanilije
- Posebna oprema: pergamentni papir; termometer za sladkarije ali globoko maščobo

NAVODILA:

a) Dno in stranice 8-palčnega kvadratnega pekača obložite s pergamentnim papirjem in oljnim pergamentom.

b) Rjavi sladkor, smetano, maslo, sol in ¼ skodelice ruma zavrite v 3 do 4 litre težki ponvi in mešajte, dokler se maslo ne stopi, nato zavrite na zmernem ognju in pogosto mešajte, dokler termometer ne zabeleži 248 °F, približno 15 minut. Odstavite z ognja in vmešajte vanilijo ter preostalo žličko ruma. Vlijemo v pekač in popolnoma ohladimo do čvrstega, 1 do 2 uri.

c) Obrnite karamelo na desko za rezanje, nato zavrzite pergament in obrnite karamelno svetlečo stran navzgor. Narežite na 1-palčne kvadrate.

68. Espresso liker karamele

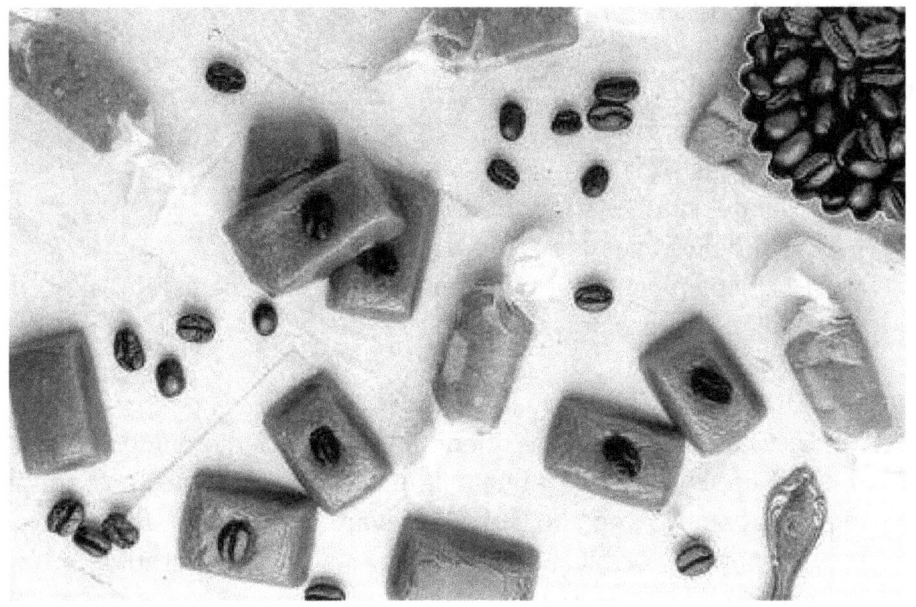

SESTAVINE:
- ½ skodelice vode
- 1⅓ skodelice koruznega sirupa
- ⅓ skodelice medu
- 2⅛ skodelice sladkorja
- 2 ščepca morske soli
- 8 žlic masla
- 2 skodelici težke smetane za stepanje
- ¼ skodelice usedline espressa
- 14-unčna pločevinka sladkanega kondenziranega mleka
- 4 čajne žličke espresso likerja

NAVODILA:

a) Umivalnik ali preveliko skledo napolnite z ledeno vodo.

b) V 4-litrski ponvi z debelim dnom zmešajte vodo, koruzni sirup, med, sladkor in morsko sol. Segrevajte na srednji temperaturi in mešajte v obliki osmice, dokler se ves sladkor ne raztopi in mešanica začne vreti.

c) Odstranite palčko za mešanje in sperite stene lonca s čopičem za pecivo, namočenim v vodo. Vstavite termometer za sladkarije in kuhajte brez mešanja, dokler mešanica ne doseže 250°F.

d) Previdno dodajamo maslo in mešamo, dokler se popolnoma ne stopi, nato počasi dodajamo smetano. Pozor: To bo povzročilo, da bo mešanica hitro napihnila in sproščala paro. Odstranite mešalno palico in kuhajte, dokler mešanica ponovno ne doseže 250°F.

e) Odstranite z ognja in spodnjo polovico posode za 2 do 3 sekunde potopite v ledeno vodo, da ustavite kuhanje. Primešajte usedlino espressa. Počasi vmešajte sladkano kondenzirano mleko. Vrnite lonec na segreto in med mešanjem kuhajte v obliki številke 8 , dokler mešanica ponovno ne doseže 250°F. Opomba: Tukaj boste mešali 10 do 15 minut, zato se udobno namestite. Če vam je termometer v napoto, počakajte, da se pojavijo plasti mehurčkov, preden termometer ponovno vstavite.

f) Odstranite z ognja in spodnjo polovico posode za 2 do 3 sekunde potopite v ledeno vodo, da ustavite kuhanje. Pazimo, da v karamelo ne pride voda. Ponev postavite na brisačo na toplotno odporno površino.

g) Dodajte espresso liker in hitro premešajte, da se meša. Previdno vlijemo v silikonske modelčke ali pomaščen kvadratni pekač velikosti 9 x 9 palcev. Pustite, da se nemoteno ohladi na pultu 8 do 12 ur, preden ga odstranite iz kalupa ali razrežete na pravokotnike.

h) Karamele shranjujte v celofanu ali voščenem papirju, tako da jih zavijete, da se zaprejo na obeh koncih. Če jih hranimo na suhem mestu, bodo uporabni 4 do 6 tednov.

69.Kapučino karamele

SESTAVINE:
- 1 skodelica granuliranega sladkorja
- 1 skodelica težke smetane
- ¼ skodelice lahkega koruznega sirupa
- ¼ skodelice nesoljenega masla
- 1 žlica instant kavnih zrnc
- 1 čajna žlička vanilijevega ekstrakta
- Kosmiči morske soli, za posipanje (neobvezno)

NAVODILA:
a) Pekač velikosti 8 x 8 palcev obložite s pergamentnim papirjem in ga rahlo namastite.
b) V ponvi na srednje močnem ognju zmešajte sladkor, smetano, koruzni sirup, maslo in zrnca instant kave.
c) Mešajte, dokler se sladkor ne raztopi, nato vstavite termometer za sladkarije in kuhajte brez mešanja, dokler ne doseže 245 °F (118 °C).
d) Odstranite z ognja, vmešajte vanilijev ekstrakt in prelijte karamelo v pripravljeno ponev.
e) Pustite, da se ohladi nekaj ur ali dokler se ne strdi.
f) želji potresemo s kosmiči morske soli in narežemo na karamele.

70.Slane karamele viskija

SESTAVINE:
- 5 žlic masla
- 1 skodelica težke smetane za stepanje
- ¼ skodelice viskija
- 1 čajna žlička vanilije
- ¼ čajne žličke košer soli
- 1 ½ skodelice sladkorja
- ¼ skodelice lahkega koruznega sirupa
- ¼ skodelice vode
- ½ žlice košer soli za posipanje

NAVODILA:
a) 9-palčni kvadratni pekač obložite s pergamentom ali voščenim papirjem, tako da se papir povleče čez dve strani; rahlo popršite s pršilom za kuhanje.
b) V 1-litrski ponvi segrejte maslo, močno smetano za stepanje, viski, vanilijo in ¼ čajne žličke soli do vrenja in pogosto mešajte. Odstranite z ognja; dati na stran.
c) V 3-litrski ponvi zmešajte sladkor, koruzni sirup in vodo. Na srednje močnem ognju segrevajte do vretja. NE MEŠAJTE. Kuhajte, dokler sladkor ne postane toplo zlato rjave barve.
d) Ko je mešanica sladkorja gotova , ugasnite ogenj in mešanici sladkorja počasi dodajte mešanico smetane. Bodite previdni - močno se bo dvignilo. Kuhajte na srednje nizkem ognju približno 10 minut, dokler mešanica ne doseže 248 stopinj F na termometru za sladkarije.
e) Nalijte karamelo v ponev; ohladite 10 minut.
f) Potresemo z največ 1 žlico soli; popolnoma ohladi.
g) Narežemo na kvadratke; posamično zavijte v pergamentni papir.

71. Kokosovi karamelni grozdi

SESTAVINE:
- 1 skodelica naribanega kokosa
- 1 skodelica karamelnih bonbonov, nezavita
- 1 žlica kokosovega olja
- Morska sol (neobvezno)

NAVODILA:
a) Pekač obložite s peki papirjem.
b) V ponvi na zmernem ognju prepražite narezan kokos do zlato rjave barve in občasno mešajte, da se ne zažge. Odstranite z ognja in pustite, da se nekoliko ohladi.
c) V skledi, primerni za mikrovalovno pečico, zmešajte karamelne bonbone in kokosovo olje. Postavite v mikrovalovno pečico v 30-sekundnih intervalih in vmes mešajte, dokler se karamele ne stopijo in postanejo gladke.
d) Popečen kokos vmešajte v stopljeno karamelo, da se dobro poveže.
e) Na pripravljen pekač po žlicah polagamo karamelno-kokosovo mešanico.
f) Neobvezno: Grozde, ko so še topli, potresemo z morsko soljo.
g) Pustite, da se grozdi ohladijo in strdijo na sobni temperaturi ali v hladilniku.
h) Ko strdi, odstranite s pekača in shranite v nepredušni posodi.
i) Uživajte v domačih grozdih kokosove karamele!

72. Karamelne jabolčne lizike

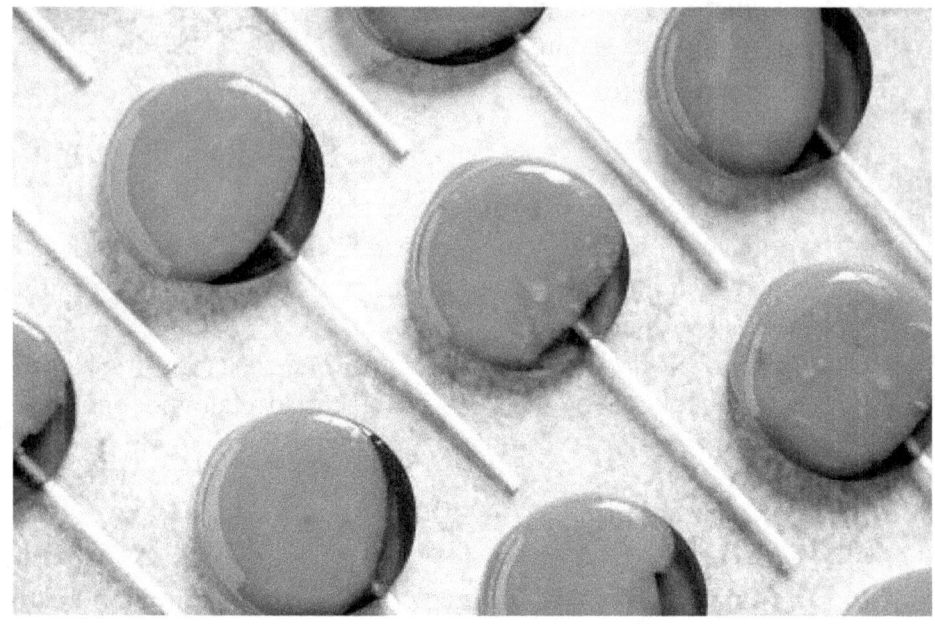

SESTAVINE:
- 4 velika jabolka (katera koli sorta)
- 1 skodelica karamelnih bonbonov, nezavita
- Lollipop palčke
- Prelivi po vaši izbiri (sesekljani oreščki, posipi, mini čokoladni čipsi itd.)

NAVODILA:
a) Jabolka temeljito operemo in osušimo. V pecelj vsakega jabolka vstavite palčko lizike.
b) Pekač obložite s peki papirjem.
c) V posodi, primerni za mikrovalovno pečico, v 30-sekundnih intervalih stopite karamelne bonbone, vmes jih mešajte, dokler ne postanejo gladki in kremasti.
d) Vsako jabolko pomočite v stopljeno karamelo in obrnite, da se enakomerno prekrije. Pustite, da odvečna karamela odteče.
e) Izbirno: s karamelom obložena jabolka povaljajte v želenem prelivu.
f) Karamelna jabolka položite na pripravljen pekač in pustite, da se ohladijo in strdijo na sobni temperaturi ali v hladilniku.
g) Ko je strjena, uživajte v slastnih karamelno jabolčnih lizikah!

73. Grozdi karamelnih orehov

SESTAVINE:
- 1 skodelica karamelnih bonbonov, nezavita
- 1 skodelica mešanih oreščkov (kot so arašidi, mandlji, indijski oreščki)
- Morska sol (neobvezno)

NAVODILA:
a) Pekač obložite s peki papirjem.
b) V posodi, primerni za mikrovalovno pečico, v 30-sekundnih intervalih stopite karamelne bonbone, vmes jih mešajte, dokler ne postanejo gladki in kremasti.
c) Zmešane oreščke vmešajte v stopljeno karamelo, dokler niso dobro prekrite.
d) Na pripravljen pekač po žlicah polagajte karamelno-oreščevo mešanico.
e) Neobvezno: Grozde, ko so še topli, potresemo z morsko soljo.
f) Pustite, da se grozdi ohladijo in strdijo na sobni temperaturi ali v hladilniku.
g) Ko strdi, odstranite s pekača in shranite v nepredušni posodi.
h) Uživajte v domačih karamelnih grozdih oreščkov!

74. Caramel Marshmallow Pops

SESTAVINE:
- Veliki marshmallows
- Karamelni bonboni, nepakirani
- Lollipop palčke
- Izbirni prelivi (čokoladni koščki, zdrobljeni piškoti, posipi itd.)

NAVODILA:
a) V vsak marshmallow vstavite palčko lizike.
b) Pekač obložite s peki papirjem.
c) V posodi, primerni za mikrovalovno pečico, v 30-sekundnih intervalih stopite karamelne bonbone, vmes jih mešajte, dokler ne postanejo gladki in kremasti.
d) Vsak marshmallow pomočite v stopljeno karamelo in ga obrnite, da se enakomerno prekrije. Pustite, da odvečna karamela odteče.
e) Izbirno: s karamelom oblite marshmallow povaljajte v želenem prelivu.
f) Marshmallow pops položite na pripravljen pekač in pustite, da se ohladijo in strdijo na sobni temperaturi ali v hladilniku.
g) Ko je strjen, uživajte v čudovitih karamelnih marshmallow popsih!

Z AČIMBE

75. Ganache s slano karamelo

SESTAVINE:
- 8 unč (225 g) temne čokolade, drobno sesekljane
- 1 skodelica (240 ml) goste smetane
- ½ skodelice (120 ml) soljene karamelne omake

NAVODILA:
a) Drobno narezano temno čokolado dajte v toplotno odporno skledo in odstavite.
b) V majhni kozici na srednjem ognju segrevajte smetano, dokler ne začne vreti. Ne pustite, da zavre.
c) Ponev odstavimo z ognja in z vročo smetano prelijemo narezano čokolado.
d) Mešanico pustimo stati 1-2 minuti, da se čokolada zmehča.
e) Z metlico ali lopatko nežno mešajte mešanico, dokler se čokolada popolnoma ne stopi in ganache postane gladek in sijoč.
f) Dodajte soljeno karamelno omako v ganache in mešajte, dokler se dobro ne premeša.
g) Pustite, da se ganache ohladi na sobni temperaturi približno 30 minut, nato ga pokrijte s plastično folijo in postavite v hladilnik za vsaj 2 uri oziroma dokler ne postane čvrst.
h) Ko je ganache ohlajen in strjen, ga lahko uporabite kot nadev za torte, kolačke ali peciva. Lahko se uporablja tudi kot preliv ali posip za sladice, kot so sladoled, piškoti ali piškoti.

76. Karamelna glazura

SESTAVINE:
- 1½ skodelice nesoljenega masla, zmehčanega
- 4 skodelice sladkorja v prahu
- ¼ skodelice karamelne omake (kupljene ali domače)
- 1 čajna žlička vanilijevega ekstrakta

NAVODILA:
a) V veliki posodi za mešanje stepite zmehčano maslo, da postane kremasto in gladko.
b) Postopoma dodajajte sladkor v prahu, eno skodelico naenkrat, po vsakem dodajanju dobro stepajte.
c) Vmešajte karamelno omako in vanilijev ekstrakt ter nadaljujte s stepanjem, dokler glazura ni rahla in puhasta.

77. Karamelizirani ganache iz bele čokolade

SESTAVINE:
- 8 unč bele čokolade
- Ščepec morske soli

NAVODILA:
a) Pečico segrejte na 250° F (120°C).
b) Belo čokolado položite na pekač, obložen s peki papirjem.
c) Po čokoladi potresemo ščepec morske soli.
d) Čokolado pečemo približno 1 uro in vsakih 10 minut mešamo, dokler ne postane zlato rjava in karamelizirana.
e) Čokolado vzamemo iz pečice in pustimo, da se popolnoma ohladi.
f) Karamelizirano belo čokolado drobno sesekljamo.
g) V toplotno odporni skledi prelijte 1 skodelico (240 ml) vrele smetane na karamelizirano belo čokolado.
h) Mešajte, dokler se čokolada popolnoma ne stopi in postane gladka.
i) Pustite, da se ganache nekoliko ohladi, preden ga uporabite.

78. Dalgona karamelna omaka

SESTAVINE:
- ½ skodelice granuliranega sladkorja
- 2 žlici vode
- ¼ skodelice težke smetane
- ¼ čajne žličke vanilijevega ekstrakta

NAVODILA:
a) V majhni ponvi na srednjem ognju zmešajte sladkor in vodo.
b) Nenehno mešajte, dokler se sladkor ne raztopi in zmes začne brbotati.
c) Zmanjšajte ogenj na nizko in pustite vreti približno 5-7 minut, dokler ne postane zlato karamelne barve.
d) Odstavite ponev z ognja in med nenehnim mešanjem počasi vlijte smetano. Bodite previdni , saj bo mešanica močno brbotala.
e) Vmešajte vanilijev ekstrakt in mešajte, dokler se dobro ne združi.
f) Pustite, da se karamelna omaka Dalgona ohladi, preden jo prestavite v kozarec ali posodo.
g) Postrezite ga kot preliv za sladoled, torte ali pa ga pokapajte po vaših najljubših sladicah.

79.Karamelna omaka iz pasijonke

SESTAVINE:
- 2 skodelici sladkorja
- ½ skodelice vode
- 2 žlički svetlega koruznega sirupa
- 1⅓ skodelice pireja iz pasijonke
- 4 žlice nesoljenega masla, narezanega na koščke
- ½ čajne žličke koš er soli

NAVODILA:
a) V veliki ponvi z debelim dnom zmešajte sladkor, vodo in koruzni sirup. Pustite vreti na zmernem ognju, mešajte, da se sladkor raztopi, in občasno potresite stene ponve z mokro krtačo za pecivo, da izperete morebitne kristale sladkorja.
b) Ogenj povečajte na srednje visoko in pustite vreti brez mešanja, dokler sirup ne postane temno jantarne barve, približno 8 minut.
c) Ponev odstavimo z ognja. Previdno dodamo pasijonkin pire (ki bo brbotal in škropil, zato previdno, ko ga vlivamo), maslo, sol in stepamo, da se čim bolj zmeša (karamela se bo nekoliko strdila).
d) Ponev pristavimo na srednje majhen ogenj, pustimo vreti in med mešanjem kuhamo, dokler se karamela ne raztopi in omaka postane gladka. Odstranite z ognja in pustite, da se ohladi. Shranjena v nepredušni posodi v hladilniku bo omaka obstojna do 10 dni.
e) Omako postrežemo toplo ali sobne temperature.

80.Kahlua karamelna omaka

SESTAVINE:
- 1 skodelica granuliranega sladkorja
- ¼ skodelice vode
- ½ skodelice težke smetane
- 2 žlici nesoljenega masla
- ¼ skodelice Kahlua
- ½ čajne žličke vanilijevega ekstrakta
- Ščepec soli

NAVODILA:
a) V majhni ponvi zmešajte granulirani sladkor in vodo. Segrevajte na srednje močnem ognju in občasno mešajte, dokler se sladkor ne raztopi.

b) Ko se sladkor raztopi, prenehajte z mešanjem in pustite, da mešanica zavre. Nadaljujte s kuhanjem brez mešanja, dokler zmes ne postane temno jantarne barve. Pazimo, da se karamela ne zažge, saj se lahko kaj hitro zgodi.

c) Ko karamela doseže želeno barvo, ponev odstavimo z ognja in previdno vmešamo smetano. Mešanica bo brbotala, zato bodite previdni.

d) Vrnite ponev na majhen ogenj in dodajte maslo. Mešajte, dokler se maslo ne stopi in popolnoma vključi.

e) Odstranite ponev z ognja in vmešajte kahluo, vanilijev ekstrakt in ščepec soli. Mešajte, dokler ni gladka in dobro združena.

f) Pustite, da se karamelna omaka Kahlua ohladi nekaj minut, preden jo prestavite v kozarec ali posodo.

g) Omaka se zgosti, ko se ohladi. Če postane pregosta, jo lahko rahlo pogrejete v mikrovalovni pečici ali na štedilniku.

h) Karamelno omako Kahlua uporabite kot preliv za sladoled, palačinke, vaflje, sladice ali katero koli drugo sladko poslastico po vaši izbiri.

81. Karamelna omaka z orehi

SESTAVINE:
- ½ skodelice trdno pakiranega rjavega sladkorja
- ½ skodelice lahkega koruznega sirupa
- ¼ skodelice margarine brez mleka
- ½ skodelice sesekljanih pekanov
- 1 čajna žlička vanilije

NAVODILA:
a) V majhni ponvi na srednje močnem ognju zmešajte čvrsto stisnjen rjavi sladkor, lahki koruzni sirup in margarino brez mleka. Nenehno mešajte in zmes popolnoma zavrite.
b) Pustite, da zmes vre 1 minuto in nenehno mešajte.
c) Odstranite ponev z ognja in vmešajte sesekljane pekan orehe in vanilijo, dokler se dobro ne združita.
d) Toplo karamelno omako brez mlečnih izdelkov postrezite k svojemu najljubšemu sladoledu ali sladici brez mleka.
e) Uživajte v svoji omaki kot čudovitem prelivu za vaše dobrote!

82. Kavno-karamelna omaka

SESTAVINE:
- 2 skodelici pakiranega temno rjavega sladkorja
- ¾ skodelice kuhane zelo močne kave
- ¾ skodelice težke (stepane) smetane

NAVODILA:
a) V manjši kozici zmešajte vse sestavine.
b) Ponev postavite na srednji ogenj in mešanico zavrite.
c) Ko zavre , zmanjšajte ogenj do vrenja in kuhajte, dokler ne doseže tik pred stopnjo mehke kroglice, kar je približno 230 °F (110 °C) na termometru za sladkarije. To naj bi trajalo približno 15 minut.
d) Odstranite ponev z ognja.
e) Kavno-karamelno omako lahko postrežete takoj, če želite, pa pustite, da se ohladi in jo pokrijte. Ohladite in porabite v nekaj mesecih.
f) Ta prijetna kavno-karamelna omaka je popolna za prelivanje sladoleda, tort ali drugih sladic. Uživajte!

83.Karamelna omaka iz mandarine

SESTAVINE:
- ½ skodelice težke smetane
- ¾ skodelice soka mandarine, napetega
- 1 ¾ skodelice sladkorja
- ¾ skodelice vode
- 5 žlic hladnega nesoljenega masla, narezanega na koščke
- 1 čajna žlička ekstrakta vanilije
- ⅛ čajne žličke soli
- 2 žlici žganja ali burbona

NAVODILA:
a) V posodi zmešajte smetano in precejen sok mandarin ter segrevajte, dokler ne zavre. To mešanico hranite na toplem.
b) V ločeni ponvi zmešajte sladkor in vodo. Ponev pokrijte in zmes zavrite na srednjem ognju.
c) Ko zavre, odkrijte ponev in rahlo povečajte ogenj, da še naprej vre. Ne mešajte, ampak s čopičem za pecivo, namočenim v vodo, sperite morebitne kristale sladkorja, ki so se oprijeli stene pekača.
d) Pozorno opazujte ponev, saj se sirup postopoma obarva zlato rjavo. Bodite potrpežljivi in ponev od časa do časa po potrebi zavrtite. Ta postopek bi moral trajati nekaj časa.
e) Ponev odstavimo z ognja in med nenehnim mešanjem počasi vlijemo toplo mešanico smetane in mandarin. Bodite pripravljeni, da bo zmes močno nabreknila, zato previdno premešajte.
f) Postopoma vmešajte hladno nesoljeno maslo, dokler ni popolnoma združeno.
g) Vmešajte vanilijev ekstrakt, sol in žganje ali burbon po okusu.
h) Mandarinino karamelno omako pokrito hranimo v hladilniku in jo lahko hranimo za nedoločen čas. Postrezite toplo ali hladno k vašim najljubšim sladicam.
i) Ta čudovita karamelna omaka iz mandarine doda vašim sladkim dobrotam kanček citrusnega okusa. Uživajte!

84. Nebeška karamelna omaka

SESTAVINE:
- 10 žlic nesoljenega masla
- 2 skodelici svetlo rjavega sladkorja (pakirano)
- 1 skodelica svetlega koruznega sirupa
- 1 čajna žlička soli
- 1 skodelica smetane za stepanje
- 3 žlice temnega ruma

NAVODILA:

a) V srednje veliki ponvi zmešajte maslo, napolnjen svetlo rjavi sladkor, koruzni sirup in sol. Mešanico na srednje močnem ognju počasi zavrite. Pustite vreti, dokler se sladkor popolnoma ne stopi, kar naj traja približno 8 minut.

b) Pustite vreti še 2 minuti in pogosto mešajte z leseno žlico.

c) Vmešajte smetano za stepanje, zmes ponovno zavrite in pustite, da rahlo vre še 2 minuti.

d) Prilijemo temni rum in dobro premešamo, da se zmeša.

e) Ponev odstavimo z ognja in pustimo, da se omaka ohladi in zgosti.

f) Ko se ohladi, prenesite nebeško karamelno omako v čist steklen kozarec z varnim pokrovom.

g) Omako hranimo v hladilniku. Hranimo ga lahko več mesecev, če pa postane zelo hladen in gost, ga preprosto vzemite iz hladilnika, da se pred uporabo ogreje.

85. Jabolčno karamelno maslo

SESTAVINE:
- 4 lbs jabolk (katere koli sorte), olupljenih, strženih in narezanih
- 1 skodelica granuliranega sladkorja
- 1 skodelica rjavega sladkorja
- 1 žlica mletega cimeta
- 1/2 čajne žličke mletega muškatnega oreščka
- 1/4 čajne žličke mletih nageljnovih žbic
- 1/4 čajne žličke soli
- 1/4 skodelice karamelne omake

NAVODILA:
a) Narezana jabolka položite v počasen kuhalnik.
b) V skledi zmešajte kristalni sladkor, rjavi sladkor, cimet, muškatni oreščck, nageljnove žbice in sol.
c) potresemo po jabolkih in premešamo, da se enakomerno prekrijejo.
d) Pokrijte in kuhajte na nizki temperaturi 8-10 ur ali dokler jabolka niso mehka in karamelizirana.
e) S potopnim mešalnikom zmečkajte kuhana jabolka do gladkega pireja.
f) Mešajte karamelno omako, dokler se dobro ne premeša.
g) Pustite, da se jabolčno maslo popolnoma ohladi, preden ga preložite v kozarce.
h) Shranjujte v hladilniku in uživajte v okusnem karamelnem jabolčnem maslu na toastu, palačinkah ali jogurtu!

86. Karamelizirana čebulna marmelada

SESTAVINE:
- 4 velike čebule, narezane na tanke rezine
- 2 žlici olivnega olja
- 1/4 skodelice rjavega sladkorja
- 1/4 skodelice balzamičnega kisa
- Sol in poper po okusu
- 1/4 skodelice karamelne omake

NAVODILA:
a) V veliki ponvi na srednjem ognju segrejte olivno olje.
b) Dodamo narezano čebulo in med občasnim mešanjem kuhamo, dokler se ne zmehča in karamelizira, približno 20-25 minut.
c) Vmešajte rjavi sladkor in balzamični kis.
d) Nadaljujte s kuhanjem še 10-15 minut ali dokler čebula ne postane temna in podobna marmeladi.
e) Začinimo s soljo in poprom po okusu.
f) Mešajte karamelno omako, dokler se dobro ne premeša.
g) Čebulno marmelado popolnoma ohladimo, preden jo preložimo v kozarce.
h) Shranjujte v hladilniku in uživajte v karamelizirani čebulni marmeladi na burgerjih, sendvičih ali sirnih deskah!

87.Karamelna BBQ omaka

SESTAVINE:
- 1 skodelica kečapa
- 1/2 skodelice rjavega sladkorja
- 1/4 skodelice jabolčnega kisa
- 2 žlici Worcestershire omake
- 1 žlica dijonske gorčice
- 1/2 čajne žličke česna v prahu
- 1/2 čajne žličke čebule v prahu
- 1/4 čajne žličke dimljene paprike
- Sol in poper po okusu
- 1/4 skodelice karamelne omake

NAVODILA:
a) V ponvi zmešajte kečap, rjavi sladkor, jabolčni kis, Worcestershire omako, dijonsko gorčico, česen v prahu, čebulo v prahu, dimljeno papriko, sol in poper.
b) Mešanico pustimo vreti na srednjem ognju.
c) Ogenj zmanjšamo na nizko in med občasnim mešanjem kuhamo 15-20 minut, dokler se omaka ne zgosti.
d) Mešajte karamelno omako, dokler se dobro ne premeša.
e) Pustite, da se BBQ omaka popolnoma ohladi, preden jo preložite v kozarce.
f) Shranite v hladilniku in uživajte v okusni karamelni BBQ omaki na mesu na žaru ali kot omaki za namakanje!

88. Karamelizirana figova marmelada

SESTAVINE:
- 1 lb svežih fig, narezanih na peclje in na četrtine
- 1/2 skodelice granuliranega sladkorja
- 1/4 skodelice vode
- 1 žlica limoninega soka
- 1/4 skodelice karamelne omake

NAVODILA:
a) V ponvi zmešajte fige, granulirani sladkor, vodo in limonin sok.
b) Mešanico zavrite na srednjem ognju.
c) Ogenj zmanjšamo na nizko in med občasnim mešanjem pustimo vreti 30-40 minut, dokler se fige ne zmehčajo in zmes zgosti.
d) Odstavite ponev z ognja in pustite, da se mešanica nekoliko ohladi.
e) Zmes prenesite v mešalnik ali kuhinjski robot in mešajte, dokler ni gladka.
f) Mešajte karamelno omako, dokler se dobro ne premeša.
g) Figovo marmelado popolnoma ohladimo, preden jo preložimo v kozarce.
h) Shranjujte v hladilniku in uživajte v karamelizirani figovi marmeladi na toastu, krekerjih ali sirnih krožnikih!

KOKTAJLI IN MOKTAJLI

89.Dalgona Caramel Frappuccino

SESTAVINE:
- 2 žlici instant kave
- 2 žlici sladkorja
- 2 žlici vroče vode
- 1 skodelica mleka
- 1 skodelica ledu
- 2 žlici karamelne omake

NAVODILA:
a) V skledi zmešajte instant kavo, sladkor in vročo vodo, da postane gosta in penasta.
b) V mešalniku zmešajte stepeno mešanico Dalgona, mleko, led in karamelno omako.
c) Mešajte do gladkega.
d) Nalijte v kozarec in po želji pokapljajte z dodatno karamelno omako.

90.Slani karamelni beli vroč kakav

SESTAVINE:
- 4 skodelice polnomastnega mleka
- 5 unč koščkov bele čokolade
- 3 žlice karamelne omake
- ¼ čajne žličke morske soli

NAVODILA:
a) Predgrejte vaš Multi-Cooker.
b) Nalijte štiri skodelice polnomastnega mleka.
c) Dodajte pet unč koščkov bele čokolade, 3 žlice karamelne omake in ¼ čajne žličke morske soli.
d) Kuhajte približno 10 minut, nato preklopite Multi-Cooker na temperaturo.
e) Z zajemalko vlijemo segret kakav v kavne skodelice.
f) Vsako porcijo prelijte s stepeno smetano, kančkom karamelne omake in potresite z morsko soljo. Uživajte!

91. Koktajl Baileys Salted Caramel Martini

SESTAVINE:
- 100 ml Baileys Salted Caramel Irish Cream
- 3 žlice karamelne omake (prilagodite okusu)
- 50 ml vodke
- 100 ml smetane
- 2 pesti ledu
- Kosmiči morske soli
- Kosmiči temne ali mlečne čokolade, kodri ali cigarilosi
- Užitne bleščice in zlati lističi

NAVODILA:
a) Počasi zajemajte ali prelijte karamelno omako okoli robov dveh majhnih kozarcev za kupe, tako da pustite, da kaplja in kaplja.
b) Z majhnim, suhim čopičem dodajte zlate lističe na kozarce.
c) V stresalniku za koktajle zmešajte slano karamelo Baileys in preostalo karamelno omako ter mešajte do gladkega.
d) V stresalnik dodajte vodko, smetano in veliko ledu. Močno pretresite, da se karamelna omaka raztopi, nato mešanico precedite v pripravljene kozarce.
e) Zaključite tako, da koktaje prelijete s čokoladnimi kosmiči, jedilnimi bleščicami in poljubnimi kosmiči morske soli. Uživajte v okusnem koktajlu Baileys Salted Caramel Martini!

92. Žgana karamela Manhattan

SESTAVINE:
- 2 unči burbona
- ¼ unč sladkega vermuta
- ¼ unč šnopsa
- ½ unče maline Chambord
- 3 kančke grenčice Angostura
- 2 češnji

NAVODILA:
a) Začnite tako, da kozarec za koktajl ohladite z ledom in vodo.
b) V stresalniku ga napolnite z ledom in nato dodajte vse tekoče sestavine.
c) Mešanico močno stresajte približno 30 sekund. Stresanje bo v koktajlu ustvarilo čudovite ledene kosmiče.
d) Okusite mešanico, da se prepričate, da vam je všeč, nato jo precedite v ohlajen kozarec za koktajl in postrezite "naravnost".

93. Karamelni jabolčni martini

SESTAVINE:
- 2 oz vanilijeve vodke
- 1 oz kislega jabolčnega likerja
- 1 oz karamelnega sirupa
- Led
- Jabolčna rezina za okras

NAVODILA:
a) Napolnite shaker za koktajle z ledom.
b) V shaker dodajte vaniljevo vodko, kisli jabolčni liker in karamelni sirup.
c) Dobro pretresite, dokler se ne ohladi.
d) Mešanico precedite v ohlajen kozarec za martini.
e) Okrasite z rezino jabolka.
f) Uživajte v osvežilnem karamelno jabolčnem martiniju!

94.Caramel White Russian

SESTAVINE:
- 1 1/2 oz vodke
- 1 oz kavni liker
- 1 oz karamelnega sirupa
- 2 oz težke smetane
- Led

NAVODILA:
a) Napolnite rocks kozarec z ledom.
b) Prilijemo vodko in kavni liker.
c) Vmešajte karamelni sirup.
d) Težko smetano počasi vlijte čez hrbtno stran žlice, da plava na vrhu.
e) Postrezite in uživajte v kremni karamelni beli ruski!

95.Karamelni Espresso Martini

SESTAVINE:
- 1 1/2 oz vodke
- 1 oz kavni liker
- 1/2 oz karamelnega sirupa
- 1 oz sveže pripravljenega espressa
- Led
- Kavna zrna za okras

NAVODILA:
a) Napolnite shaker z ledom.
b) V stresalnik dodajte vodko, kavni liker, karamelni sirup in sveže pripravljen espresso.
c) Dobro pretresite, dokler se ne ohladi.
d) Mešanico precedite v ohlajen kozarec za martini.
e) Okrasite z nekaj kavnimi zrni.
f) Uživajte v okusnem karamelnem espresso martiniju!

96.Slana karamelna kremna soda

SESTAVINE:
- 2 oz karamelnega sirupa
- 4 oz kremne sode
- 2 oz klubske sode
- Led
- Stepena smetana za okras
- Karamelna omaka za okras

NAVODILA:
a) Napolnite kozarec z ledom.
b) Prilijemo karamelni sirup.
c) Dodajte kremno sodo in sodo in nežno premešajte, da se združita.
d) Po vrhu premažemo stepeno smetano.
e) Preko stepene smetane pokapljamo karamelno omako.

97.Karamelizirani ananasov rum punč

SESTAVINE:
- 2 oz temnega ruma
- 4 oz ananasov sok
- 1 oz karamelnega sirupa
- 1/2 oz limetinega soka
- Ananasova rezina za okras
- Maraschino češnja za okras

NAVODILA:
a) Napolnite shaker za koktajle z ledom.
b) V stresalnik dodajte temni rum, ananasov sok, karamelni sirup in limetin sok.
c) Dobro pretresite, dokler se ne ohladi.
d) Mešanico precedite v kozarec, napolnjen z ledom.
e) Okrasite z rezino ananasa in češnjo maraskino.
f) Uživajte v svojem tropskem karameliziranem ananasovem rumovem punču!

98.Karamelni Mocha Martini

SESTAVINE:
- 1 1/2 oz vodke
- 1 oz kavni liker
- 1 oz čokoladnega likerja
- 1/2 oz karamelnega sirupa
- Led
- Čokoladni ostružki za okras

NAVODILA:
a) Napolnite shaker z ledom.
b) V stresalnik dodajte vodko, kavni liker, čokoladni liker in karamelni sirup.
c) Dobro pretresite, dokler se ne ohladi.
d) Mešanico precedite v ohlajen kozarec za martini.
e) Okrasite s čokoladnimi ostružki.
f) Uživajte v svojem dekadentnem karamelnem mocha martiniju!

99.Mojito s karamelizirano hruško

SESTAVINE:
- 1 1/2 oz belega ruma
- 1/2 oz karamelnega sirupa
- 1/2 oz limetinega soka
- 4-6 listov mete
- 2 oz hruškovega soka
- Klubska soda
- Rezina hruške za okras

NAVODILA:
a) V kozarcu zmešajte metine liste z limetinim sokom in karamelnim sirupom.
b) Napolnite kozarec z ledom.
c) V kozarec dodajte beli rum in hruškov sok.
d) Prelijte s sodo in nežno premešajte, da se združi.
e) Okrasite z rezino hruške.
f) Uživajte v osvežilnem mojitu iz karamelizirane hruške!

100. Karamelno jabolčno iskrico

SESTAVINE:
- 2 oz jabolčnega moštnika
- 2 oz ingverjevega piva
- 1/2 oz karamelnega sirupa
- Led
- Jabolčna rezina za okras
- Cimetova palčka za okras

NAVODILA:
a) Napolnite kozarec z ledom.
b) Nalijte jabolčni moštnik in ingverjevo pivo.
c) Vmešajte karamelni sirup.
d) Okrasite z rezino jabolka in cimetovo palčko.
e) Uživajte v svojem penečem in osvežilnem mocktailu s karamelno jabolčno penečo penečo mešanico!

ZAKLJUČEK

Ko se poslavljamo od "SVET NORE KARAMELE", to počnemo z občutkom zadovoljstva in hvaležnosti za okuse, ki smo jih okusili, ustvarjene spomine in kulinarične dogodivščine, ki smo jih delili na poti. S 100 dekadentnimi sladicami in slanimi jedmi, ki prikazujejo vsestranskost karamele, smo raziskali neskončne možnosti te priljubljene sestavine, od sladkih do slanih in vsega vmes.

A naše potovanje se tu ne konča. Ko se vračamo v naše kuhinje, oboroženi z novim navdihom in hvaležnostjo za karamelo, nadaljujmo z eksperimentiranjem, inovacijami in ustvarjanjem s to čarobno sestavino. Ne glede na to, ali spečemo serijo piškotov, mešamo omako ali slani jedi dodamo kanček sladkosti, naj bodo recepti v tej kuharski knjigi v prihodnjih letih vir veselja in razvajanja.

In ko uživamo v vsakem slastnem grižljaju, se spomnimo preprostih užitkov dobre hrane, ki jih delimo z najdražjimi, in veselja, ki izhaja iz raziskovanja novih okusov in tehnik. Hvala, ker ste se nam pridružili na tej okusni avanturi. Naj bodo vaše kulinarične stvaritve vedno sladke, vaše mize vedno polne in vaša srca vedno ogreta s čarobnostjo karamele.

www.ingramcontent.com/pod-product-compliance
Lightning Source LLC
Chambersburg PA
CBHW070700120526
44590CB00013BA/1035